JIUYE ZHIDAO YU SHIXUN

技工院校通用职业素质课程实验教材

就业指导与实训

（修订版）

主　编　邱雷鸣　贾　瑛

副主编　白小华　刘宏磊

参　编　吴生发　张小波　王　婷

中国劳动社会保障出版社

图书在版编目（CIP）数据

就业指导与实训 / 邱雷鸣，贾瑛主编 . -- 2 版（修订版）. -- 北京：中国劳动社会保障出版社，2022

技工院校通用职业素质课程实验教材

ISBN 978-7-5167-5660-7

Ⅰ. ①就… Ⅱ. ①邱…②贾… Ⅲ. ①职业选择 - 技工学校 - 教材 Ⅳ. ① G717.38

中国版本图书馆 CIP 数据核字（2022）第 237933 号

中国劳动社会保障出版社出版发行

（北京市惠新东街 1 号　邮政编码：100029）

*

北京华联印刷有限公司印刷装订　　新华书店经销

787 毫米 × 1092 毫米　16 开本　14 印张　235 千字

2022 年 12 月第 2 版　　2026 年 3 月第 11 次印刷

定价：28.00 元

营销中心电话：400-606-6496

出版社网址：http://www.class.com.cn

http://jg.class.com.cn

前言

技能人才是我国人才队伍的重要组成部分，也是实施人才强国战略、就业优先战略和创新驱动发展战略不可或缺的支撑力量。着力培养高素质劳动者和技术技能人才，对于迈入新时代、培育新动能、实现经济社会高质量发展具有十分重要的现实意义。

党中央、国务院高度重视技能人才队伍建设。党的十九大报告提出要建设知识型、技能型、创新型劳动者大军。2018 年国务院下发的《关于推行终身职业技能培训制度的意见》中，明确提出要“强化工匠精神和职业素质培育”。技工院校是培养技能人才的摇篮，加强通用职业素质课程建设，是弘扬劳模精神、劳动精神和工匠精神，促进学生养成良好职业素质的有效途径，更是强化“德技并修、工学结合”育人机制，落实立德树人根本任务，提高技能人才培养质量的重要举措。

通用职业素质是从业人员除岗位所需要的专业知识和技能外，在职业活动中所表现出来的最关键、最核心的综合品质和能力，是从业人员职业理想信念、职业基本意识、通用职业能力、通用职业知识等方面的综合体现。技工院校通用职业素质课程由自我管理、自主学习、理解与表达、交往与合作、信息检索与处理、企业管理与企业文化、就业指导与实训和创业创新指导与实训等模块构成，着重体现职业素质在宏观意识和一般方法上的导向作用，为专业课程中的职业素质融合运用提供方法论基础。公共课的系统学习和专业课程的情境应用，可以在学生职业素质培养上形成双管齐下的叠加效应。

本课程以学生终身职业发展为目标，以实用性、有效性和综合性为原则，根据职业发展所需要的各项通用职业素质构建课程体系和内容，以学生为主体进行教学设计并安排教学活动，强化学生通用职业能力的培养。表现出以下几个鲜明特点：

第一，以学生需要为中心。课程内容设置紧密围绕学生在职业素质方面的主观需要和客观必需，帮助学生明确学习目标，确立养成途径，最终适应岗位和适应职业发展。教学活动注重凸显学生的主体地位，引领学生自主探究和实践，获得价值体验，在行动中内化观念、意识和知识，逐步掌握方法，增强能力，提升素质。

第二，以职业发展为核心。课程目标设定、模块架构、教学实施和学习评价均指向帮助学生获得更好的职业发展。课程的功能定位是在职业理想信念驱动下的职业基本意识和通用职业知识的综合运用，为学生就业、转岗、创新创业提供支撑，满足学生职业发展的素养要求。

第三，以能力培养为重心。坚持以能力本位、问题导向为原则，课程内容不追求知识的系统性，不灌输不必要的概念性、理论性知识，尽量避免生硬的理论阐述。聚焦解决职业活动中的实际问题，将知识传授与能力训练相结合，通过案例分析、任务引领、项目训练等活动教学，重在培养通用职业能力，侧重考查实践过程和结果，引导各项素质培育有机融合、相互促进。

本课程提供配套线上资源，可登录 http://jg.class.com.cn 观看或下载。

目录

第一单元

就业准备

凡事豫则立，不豫则废。言前定则不跲，事前定则不困，行前定则不疚，道前定则不穷。

——《礼记·中庸》

同学们即将毕业进入社会，开启职业人生的新旅程。职业的发展有很多条道路可供选择，但对绝大多数人而言，求职就业是必不可少的阶段。选择怎样的就业方式、进入怎样的工作单位、从事怎样的工作、今后职业生涯怎样规划，是我们每一个人必须面临的问题。同学们应该从现在开始就做好求职的准备，搜集就业和职业发展相关信息，树立职业发展目标。只有坚持不懈，才能实现职业理想，创造属于自己的幸福人生。

第一课　开启人生职业旅程

学习目标

1. 通过案例讨论，了解就业对于实现人生价值的重要意义。
2. 通过小组讨论、案例分享，体会职业规划的重要性，尝试规划自己的职业之路。
3. 通过讨论分享，了解求职中的常见心态，学会调适求职过程中出现的不良心态。
4. 通过自主学习和课后调查，了解技能型人才的就业形势和就业政策。

翻转课堂

本课导读

开启人生职业旅程

- 踏上工作之旅，规划职业之路
  - 人为什么要工作
  - 如何规划职业之路
- 保持良好的就业心态
  - 常见的不良求职心态
  - 调整自己的求职心态
- 了解就业形势与政策
  - 技能人才的就业形势
  - 技能人才的就业政策
- 实训任务
  - 任务描述
  - 任务实施

杭州“90后”技校生靠汽修逆袭人生

技工院校毕业的“90后”汽修工杨广，拿到了杭州市政府80万元人才购房补贴，引起了大家的羡慕。

1991年出生于杭州市临安区农村的杨广从小就喜欢汽车，小时候玩汽车玩具拆开了都能装回去。中考时，他本有机会通过体育特长生的身份进入重点高中学习，但是他觉得，如果读高中，以后他可能就要上一个体育专业院校，毕业后当一名体育教师，而这不是他想要的。最终，他根据自己的兴趣，选择去杭州技师学院汽车检测与维修专业就读。

入校后，杨广刻苦学习专业知识，渐渐在专业技能方面崭露头角，被学校选派参加市级、省级的相关比赛，也拿到了不错的名次。2012年，杨广从杭州技师学院毕业，除了拿到毕业证和一张高级工证书外，还收到了学校留校任教的邀请。21岁的杨广成为那一年杭州技师学院最年轻的教师。2013年7月，杨广以汽车技术项目全国第一名的成绩，代表中国参加第42届世界技能大赛。世界技能大赛被誉为“世界技能的奥林匹克”。最终，他获得汽车技术项目第九名，凭此他被破格晋升为高级技师。2015年7月，杨广被授予“全国技术能手”，根据杭州出台的“人才新政27条”，被认定为C类人才（省级领军人才）。2017年3月，杨广在杭州购买了一处商品房，相关部门兑现了80万元的人才购房补贴。

杨广说：“现在我回到老家，整个镇子的人都知道我，我父母也觉得非常光荣。以前对技校存在偏见的人，现在也慢慢在改变看法。除了上课外，还有不少企事业单位会邀请我去指导、讲课，以及担任各种专业赛事的评审。”

从杨广的案例可以看出，无论是大学还是技校，都只是提供了一个学习的平台，选择哪一个要看自己的意愿、看自己内心的追求。职业前景的好与坏并不全是由学校决定的。只要自己肯努力，对未来有明确的目标，技能可以成就梦想，我们也可以有光明的职业发展前景。

在本课中，我们将尝试为实训任务中的人物设计一条职业发展之路，在完成这个活动之前，请先回答以下问题：

1. 你觉得在技工院校学习的这几年，最大的收获是什么？

____

____

2. 杨广的求学生涯中最关键的几个节点是什么？从中你学到了什么？

____

____

3. 你自己最想从事哪一类的职业？未来的职业理想是什么？

____

____

找一找

“当代青年是同新时代共同前进的一代。我们面临的新时代，既是近代以来中华民族发展的最好时代，也是实现中华民族伟大复兴的最关键时代。广大青年既拥有广阔发展空间，也承载着伟大时代使命。青年是国家的希望、民族的未来。我衷心希望每一个青年都成为社会主义建设者和接班人，不辱时代使命，不负人民期望。对广大青年来说，这是最大的人生际遇，也是最大的人生考验。”

请同学们自己找一找，这段话是谁说的，对你最大的启示是什么。

幸福不会从天而降，梦想不会自动成真。实现我们的奋斗目标，开创我们的美好未来，必须依靠辛勤劳动、诚实劳动、创造性劳动。“空谈误国，实干兴邦”，作为一名即将走向社会的技工院校学生，当下最重要的就是找到自己的就业岗位，从人生第一份工作做起，踏上实现职业理想的道路。

一、踏上工作之旅，规划职业之路

（一）人为什么要工作

著名企业家稻盛和夫以 78 岁高龄出任航空公司董事长之后分享了自己在工作上的做法和心得：“人为什么要工作？许多人把努力工作、拼命劳动看得毫无意义，他们甚至对积极工作的人报以冷笑和鄙视。而我想以我的亲身经历告诉大家：理解工作的意义，全身心投入工作，你就能度过幸福的人生。”

拓展阅读

稻盛和夫的工作思维

稻盛和夫毕业后进入松风工业——一家濒临破产的企业。就在身边的同事纷纷离职之际，他却在这家企业废寝忘食地进行研发，帮助企业起死回生，渡过难关。后来稻盛和夫赤手空拳开始创业，先后创建了京瓷和KDDI两家世界500强企业。2010年，78岁高龄的稻盛和夫在日本政府的再三邀请之下，出任当时破产重组的日本航空公司总裁，在一年内就让日航起死回生，还创下日航历史最高利润纪录。那么，稻盛和夫究竟是如何攻克创业乃至人生过程中一个又一个难关的呢？他会告诉你，其实这一切都很简单，但前提是必须热爱自己的工作。要想度过一个充实的人生，只有两种选择：一种是“从事自己喜欢的工作”，另一种是“让自己喜欢上工作”。

著名的心理学家亚伯拉罕·马斯洛创造性地提出了人的需要层次理论。该理论将人的需要分为5个层次，像阶梯一样从低到高依次排序，它们分别是：生理需要、安全需要、社交需要、尊重需要、自我实现的需要，每一层次的需要分别对应不同的内容。

填一填

请按照下表中序号1、2的示例，运用信息检索与处理的技巧，查找出另外3项需要层次的主要内容，并提炼出关键词，填入对应的空格内。

马斯洛需要层次理论的基本内容

序号	不同的需要层次		关键词
1	基本需要	生理需要	水、食物、呼吸、睡眠、衣物等
2		安全需要	人身安全、财产安全、健康保障等
3	中级需要	社交需要	
4		尊重需要	
5	高级需要	自我实现需要	

1. 工作能满足个体生存的基本需求

根据马斯洛需要层次理论，我们不难看出，生理需要和安全需要是人的基本需要，也是一个人能够生存下去首先要满足的需要。那么，如何满足这一需要呢？一般来说，只有工作才可以。事实也是如此，大部分人只有通过工作才能持续不断地获得报酬，以此来满足衣食住行等各方面的需要。同时，工作也会在人们遭遇人生困境时提供更好的保障。如果一个人丢掉了工作，那么就可能意味着他失去了最基本的生活保障。一个人连生活都保障不了，那些长远的理想又从何谈起？

议一议

请结合马斯洛需要层次理论的内容，一起讨论工作能给你带来什么。

____

____

2. 工作能体现人的社会价值

马克思说过，人的本质是一切社会关系的总和。社会属性是人的本质属性。同学们最终都要走向社会，与企业、社会形成密不可分的关系。如何在这种密不可分的关系中获得认可？答案就是利用自己所学的知识造福于社会和人类，也就是化无形的知识和意识于有形的物质和生产力，而达到这种目的最简单直接的方式就是工作。工作是立身之本。对于绝大多数人而言，造福社会、实现社会价值的途径，就是在平凡的岗位上勤勤恳恳，踏实工作，默默耕耘。

3. 工作能促进人的全面发展

除了满足基本需要和中级需要之外，工作还能够促进一个人的全面发展，尤其是能够帮助一个人树立责任意识。认真工作是每个人应尽的责任，有了责任感别人才会信任我们，我们才有可能取得成功。

工作还能磨砺一个人的心志。道理很好理解，因为辛勤工作是对一个人的耐性和毅力的巨大挑战。通过每一天认真踏实的工作，我们能够不断进步、完善自我。

古今中外成功人士的经历都显示，其成功是用坚持不懈的工作换来的。而正是在创造工作业绩的过程中，他们自己的人格也得以锤炼。

说一说

很多人在工作中成就了自己，是我们工作中学习的榜样。他们可能是敢医敢言的民族脊梁钟南山；也可能是专注于田畴，淡泊名利，90 岁高龄仍奋战在科研一线的袁隆平；他们可能是工作中兢兢业业的亲人、师长，也可能是在工作中热情好学、积极上进的师兄师姐……

请分享你的职业偶像，说说他的故事和让你敬佩的地方，并完成下表。

我的职业偶像

我的职业偶像	他的职业故事	令我敬佩的职业品格

（二）如何规划职业之路

如果把曾经的学习生活比作千军万马过独木桥，每个人无须辨别方向，无须选择，只需脚踏实地、刻苦努力，一步步走下去总会到达终点，那么毕业之后的生活就是四通八达的立交桥，我们必须学会选择正确的方向才有机会到达自己想到达的目的地。

什么是职业目标？所谓目标是指一定时期内，个人、小组或整个组织争取达到的状态或期望获得的成果。目标是一种对活动结果的设想，为活动指明方向。目标是生活中非常重要的因素，是推动我们前进的必要动力。而职业目标是指个人希望自己从事并为之而努力的职业类型及层次的组合。因此，职业目标是建立在个人意愿之上的职业追求，是我们努力工作的重要动力来源。

蒋同学的职业规划

某技师学院物流专业的蒋同学从进入技师学院学习的那天起，就告诉自己一定要成为一名优秀的物流管理人员。在校期间，他学习刻苦，积极进取，不断提升自己的综合素质。无论是竞选班级干部还是在企业实习，他都积极参与，最终以优秀毕业生身份毕业。毕业后，他到一家大型超市市场部工作。在工作中，他刻苦努力，脚踏实地，很快得到公司认可。可他从来没有忘记自己的职业目标，在工作之余坚持学习零售专业知识。工作4年后，他成功跳槽到一家知名互联网公司，担任新零售项目市场营销主管。两年后又被另一家知名跨国物流企业高薪聘请，担任区域市场总监。工作仅仅6年的时间，他就从一名技工院校学生转变为企业高管，实现了自己的职业目标。

明确职业目标对我们意义重大。职业目标是我们职业生涯中的灯塔，能够指引我们走向成功，使我们的工作有明确的方向。职业目标能不断激发成就动机，让我们保持积极的人生态度，遇到挫折不气馁，不随波逐流。职业目标能使我们着眼于未来，更有远见，从而更愿意为现在的事情负责。对照职业目标，我们可以努力缩小理想与现实的差距，使自己不至于眼高手低、好高骛远。有了职业目标，我们可以更加专注，可以根据职业目标调动和整合自己的资源。

那么如何确立自己的职业目标呢？对于即将走上工作岗位的毕业生来说，可以参照以下步骤。

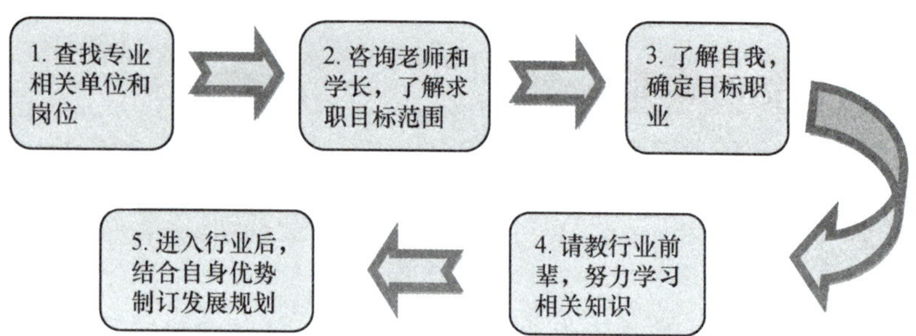

第一步，结合自己所学专业查找目前社会上有哪些相关的工作单位和职业岗位。比如，在求职网站上搜索与所学专业相关的单位或岗位。

第二步，向班主任或者学校就业指导中心的老师询问前几届毕业的学长们都进入了哪些行业，从事什么工作，如无意外，我们的求职范围也会和他们差不多。

第三步，分析自己的专业、特长、教育背景、爱好等，确定自己的对口职业。然后分析这些职业，了解其具体专业要求和素质能力要求，评估实现入职的可能性。

第四步，找到自己想从事的职业后，可能暂时还没有机会进入该职业所属行业，这时我们要多向这个行业的前辈了解情况，努力学习相关知识，让自己在正式进入行业之前心里有一定的底气。

第五步，在进入这个行业之后，需要慢慢观察该行业的发展，并结合自身优势制订中长期规划，而中长期的目标是由一个个短期目标达成的。比如，我们立志要在 10 年内成为一名高级汽修专家，为了实现这个职业目标，我们就必须知道一名专业的汽修专家需要具备哪些方面的能力，需要掌握哪些方面的知识，这期间就会出现一个个短期目标（如 2 年之内拿到岗位证书，5 年内升任班组长等），而当我们实现这些短期目标之后，会发现成功就在彼岸等着我们。

当然，对于自己选定的职业，我们还要有活到老学到老的心态，及时了解该职业的最新动态，并学习新的知识和技术，只有这样，我们才能跟上时代发展的步伐。

请根据自己的实际情况，按不同的时间段，写下 10 年之内你想达到的职业目标。

我未来 10 年的职业规划之路

时间	描述职业之路
第三年	
第五年	
第八年	
第十年	

在确立职业目标以及规划职业发展的过程中，还有一点至关重要，那就是要站在更高的层面看待职业理想。理想不是目标，理想是对工作、生活完整、全面的构想，一名新时代的技工院校学生，更要树立家国情怀，将个人事业发展与家乡、国家的发展结合起来，为实现中华民族伟大复兴的中国梦而不断贡献自己的力量。

二、保持良好的就业心态

对于大部分技工院校毕业生来说，第一次面临真正的求职，由于缺乏求职经验，内心多少有些忐忑，再加上求职往往不是一蹴而就的，可能会经历一些困难和挫折，这些都给毕业生带来求职压力，从而影响求职心态。

（一）常见的不良求职心态

1. 较理想化，偏离求职实际

同学们在求职前都会对未来的工作有一个美好的憧憬，这为我们的求职提供了方向和动力。但由于缺乏求职和工作经验，很多同学的期待往往比较理想化，例如，觉得自己在学校表现还不错，总会有一份理想的工作等着自己，或者认为单位应该和学校一样，会为自己安排好食宿，期待刚就业就能拿到较高的薪酬，短时间内就能得到赏识和提拔，等等。这些偏离实际的期待会给同学们求职带来一些不利影响。

2. 定位不清，心态波动较大

我们发现，很多同学对于自己将来要做什么、能做什么，还没有进行系统的梳理，缺乏一个清晰的自我认识和对职业的认知。这很容易导致同学们在求职中没有坚定的信心，造成心态的起伏波动。不少同学往往一开始过于乐观，信心十足，觉得自己一定能找到理想工作；但经历了一些波折之后，就备受打击，开始怀疑自我，觉得自己能力不足或者运气太差，担心自己会找不到工作。

3. 被动等待，求职准备不足

积极充分的求职准备是求职成功的基础，在校的最后一个学期也是毕业生做好求职准备，从学生向职业人过渡的重要时期。但我们发现很多即将毕业的同学对待求职比较被动，自我的职业选择、求职材料的准备、求职技巧的训练和求职信息的搜集等各方面准备工作都缺乏主动性，等待老师的安排和督促，从而导致错失很多求职的机会。

想一想

请对照上述求职心态思考：我们目前的求职心态如何？应该保持怎样的求职心态？然后回答下面的问题。

1. 我目前的求职心态：

____。

2. 以上求职心态中，对我的求职有利的是：

____。

3. 以上求职心态中，不利于我求职的是：

____。

4. 为了调整不良求职心态，接下来我要：

____。

（二）调整自己的求职心态

面对求职过程中可能会遇到的各种困难和压力，我们应该如何看待并采取恰当的处理方法调整自己的求职心态，从而为我们的求职提供支持呢？

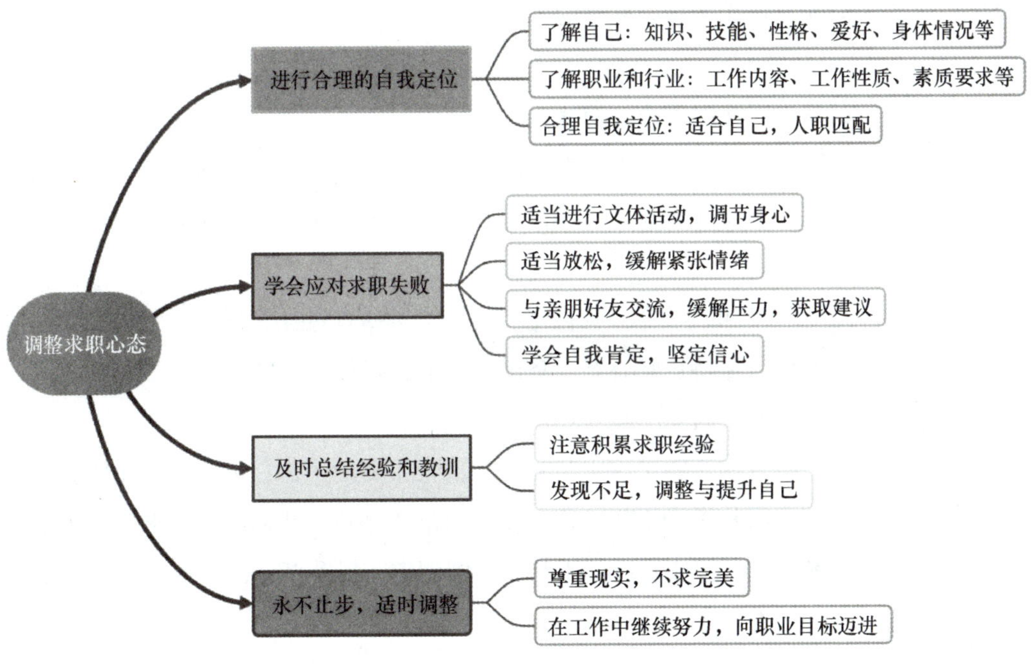

1. 进行合理的自我定位

首先，要了解自己，包括了解自己的知识水平、技能、性格、爱好、身体状况等，知道自己能做哪方面的工作，不适合做哪方面的工作。其次，要了解所选择的职业及其行业，了解职业岗位的工作内容、工作性质和对从业者素质的要求。最后，在此基础之上，进行合理的自我定位，基本做到人职匹配。同时也要明白：无论什么性质的单位或者岗位都有利弊，绝对的“好工作”是不存在的；不要认为没找到热门的、公认的“好工作”就是失败，只要你找的工作能够发挥自己的优势，又基本符合自己的兴趣，适合自己，就是好工作。

2. 学会应对求职失败

求职是一个双向选择的过程，很多同学在求职中会不止一次地被用人单位拒绝，一部分同学就会因此产生挫败感。面对这种情况，除了需要仔细分析失败的原因之外，还可以通过以下方法缓解、消除这种失败的压力。

第一，适当进行文体活动。适当的文体活动可以让人调整状态，尤其适用于身心疲惫的求职者。

第二，适当给自己“放假”。在找工作之余，适当地放松、休闲有助于缓解紧张的情绪。

第三，与亲朋好友沟通交流。沟通是缓解压力的有效方法，找亲朋好友交流倾诉，将你的意见、想法说出来，同时你也会获得他们的建议。

第四，学会自我肯定。可以尝试回顾过往获得的一些成绩，这样有助于保持良好心态。坚信功夫不负有心人，总会有慧眼识才。

3. 及时总结经验和教训

其实，找工作本身就是一项很重要的工作，你不会一无所获，即使一时找不到工作，你也将收获求职经验。我们应该在求职过程中不断总结，发现自己的不足，不断调整、提升自己，一步步接近目标。

4. 永不止步，适时调整

能够获得理想工作的同学是非常幸运的，也是极少数的，大部分人会有些遗憾地接受了次优的岗位。但是职业生涯的起点不是终点，我们可以在工作中不断地积累经验、提升能力，在不久的未来进行职业横向或纵向调整，一步一步向自己的职业目标迈进。

在找工作期间，只有保持良好的心态，适时地做出调整，我们才能用最好的精神状态面对接下来的面试等求职环节，才能获得求职成功。

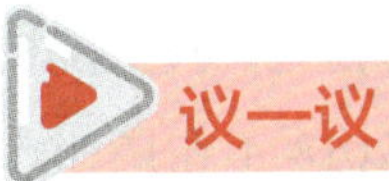

议一议

请同学们采用小组讨论的形式，针对以下几种常见的求职心理状态，结合上文介绍的 4 种方法，集思广益，制定措施，给出切实可行的解决方案。

常见求职心态及其解决方案

常见求职心态	解决方案
我在大城市读的书，毕业以后，我只想留在大城市，才不愿去小地方呢	
我是女生，毕业了只想去国有企业，不用担心失业，多稳定啊，收入起码要 8 000 元一个月才可以	
我才从技工院校毕业，学历不够，肯定找不到好工作	
我面试时总是紧张，担心回答不好，可越紧张，越不敢开口	
我才不去找工作呢，反正爸爸妈妈会帮我一起找的	
唉！在学校招聘会上我已经被 3 家用人单位拒绝了，我一点信心都没有了	
啊，我那个同学平时不咋样的啊，他都找到这么好的工作了，不行，我肯定要找一个待遇更高的	
唉！班级里其他同学都找到工作了，就剩下我一个了，可怎么办啊，心慌啊	

三、了解就业形势与政策

（一）技能人才的就业形势

“学技术上技工院校，招技工找技工院校”已经成为许多学生、家长以及企业的共识。在很多省、市举行的大型招聘会上，技工院校毕业生被“一抢而空”已经成为普遍现象。例如，2018年在广州市的一场毕业生招聘会上，80多家用人单位提前一年进场招聘。其中，一家设备生产企业需招聘数十名装配电工、装配钳工及实习生，该公司的人事行政部负责人表示，由于订单量大，要扩大生产，所以要尽早做好技能人才的储备工作。

为什么技工院校毕业生能成为就业市场的“香饽饽”？一家大型企业的生产总监表示，技工院校学生大多踏实肯干、不怕吃苦，能够沉下心做事，而且专业技能好、上手快。其实，还有一个更重要的原因：21世纪以来，全球产业结构调整为我国的制造业带来了机遇和挑战，全球新一轮科技革命和产业变革正在兴起，我国正加快实现由制造大国向制造强国的转变，对技能人才也越来越重视。

当前，我国已经成为制造大国，然而技能人才特别是高技能人才的规模却与之不匹配，我国技能人才的数量远远不能满足经济建设发展的需要。2021年4月，习近平总书记对职业教育工作作出重要指示：“职业教育前途广阔、大有可为。”为落实习近平总书记的指示精神，人力资源社会保障部、国家发展改革委、财政部颁发《关于深化技工院校改革　大力发展技工教育的意见》（人社部发〔2021〕30号），指出要“营造良好氛围。贯彻落实职业教育法和提高技术工人待遇意见等法律政策，畅通高技能人才与专业技术人才职业发展通道，强化工资分配的技能价值激励导向。”所以，技工院校毕业生只要好好学习、练好本领，就业前景就会一片光明。

（二）技能人才的就业政策

近年来，从中央到地方，向技工院校技能人才倾斜的政策密集出台。2017年，政府工作报告中明确提出：要大力弘扬工匠精神，厚植工匠文化，恪尽职业操守，崇尚精益求精，完善激励机制，培育众多“中国工匠”，打造更多享誉世界的“中国品牌”，推动中国经济发展进入质量时代。

在落户政策方面，福建厦门全面放开高技能人才落户限制；吸引技工院校毕业生落户岛外，为产业发展做好人才储备。广东广州更是针对部分紧缺工种推出了全家落户政策，以解决技能人才的后顾之忧。

在职称评审方面，贵州省出台文件，提出要构建技能人才与专业技术人才成长“立交桥”，对取得工程技术类高级工、预备技师职业资格证书的技工院校毕业生，按大专、本科学历参加专业技术职称申报评审，其他技工院校毕业生，按中专学历参加专业技术职称申报评审；鼓励企业对在生产一线做出贡献的技师、高级技师，在带薪学习、休假、疗养、出国进修等方面，与本单位工程师、高级工程师享受同等待遇。

在经费补助方面，浙江省出台政策，提出求职创业补贴除了发放给全日制普通高等学校毕业生外，也发放给技工院校高级工班和技师班的毕业生，求职创业补贴发放标准为 3 000 元 / 人。

一系列政策措施的出台，充分体现了国家和地方对技能人才以及技工院校毕业生的重视。社会需求旺盛，政府政策鼓励，相信在未来的日子里，技能人才将会迎来更多的利好。

查一查

国家和地方政府出台的人才政策对于毕业生来说是很好的参考和可借助的重要资源。请同学们了解本省、本市技工院校毕业生的就业形势和技能型人才的就业政策，完成下表。

就业形势和政策调查表

我计划就业的城市	我的目标岗位的人才供给、需求情况	该城市对于技能人才的有利政策

实训任务

为陈华设计一条职业发展之路

一、任务描述

陈华报考了某技师学院机电专业高级工班并被录取。在校学习期间，他通过学校就业教育了解到有几十家国内外著名公司在家乡附近的开发区落户，需要大批专业技术工人，尤其是机电一体化人才。听了老师的介绍，陈华对就业充满了信心。他同时了解到就业后也能再回学校参加培训和职业资格认证，获得技师资格证书。陈华渴望不断学习专业技能和知识，希望自己的职业生涯一帆风顺。

请你搜集整理国家、本地区针对技能人才就业或职业发展的政策文件以及其他相关资料，并据此帮助陈华设计一条职业发展道路。同样的任务，你也可以把自己或小组内的某个同学作为对象来实施。

提示：

1. 陈华在高级工班毕业时 20 岁。

2. 技能人才可选择的职业发展道路有很多，因此职业发展设计思路也不止一种。考虑到绝大多数人在一定阶段总要就业，本任务实施中要包含就业环节。

二、任务实施

1. 5~6 人一小组，小组内成员合理分工、高效合作，分别搜集和整理中央、省、市关于就业和职业发展的政策及相关资料，找出与任务描述中的陈华或小组确定的对象直接相关的内容，并理解其含义。也可向老师咨询相关政策条款。

提示：可通过搜索引擎直接检索政策及相关资料，也可以进入人力资源社会保障部网站，以及各省级、市级人力资源社会保障厅（局）的网站进行检索。检索时可用关键词“就业”“技能人才”“职业资格”等。请建立文档，记录政策及有关资料名称，摘录相关内容。

2. 本着最大限度用好政策的原则，设计一条符合陈华或小组确定对象实际情况的职业发展之路，并完成以下表格。

规划职业发展之路

年龄	职业发展阶段（以陈华为例）	取得职业资格 / 专业技术职称的期望	职务发展期望	相关支持政策
20 岁	进入一家企业担任电气自动化设备安装工			
22 岁	回到学校参加在职培训			
25 岁	结束在职培训			

第二课　全面探索认知自我

学习目标

1. 通过案例讨论、课堂活动等，了解兴趣、个性等自我因素对职业生涯发展的影响。

2. 通过测评、SWOT 分析等方法和工具，进行多途径和多角度的自我探索和分析。

3. 通过讨论分享、课后实践，明确求职目标，找到努力方向，增强求职信心。

翻转课堂

本课导读

全面探索认知自我

- 选我所爱——兴趣探索
  - 兴趣与职业的关系
  - 职业兴趣探索的方法
  - 巩固和培养兴趣
- 选我所适——性格探索
  - 性格与职业的关系
  - 性格探索的方法
  - 性格的可塑性
- 选我所长——态势分析
  - 认识 SWOT 分析
  - 如何进行 SWOT 分析
  - 运用 SWOT 分析结果
- 实训任务
  - 任务描述
  - 任务实施

如何寻找自己喜欢的工作

李杰是安徽某技师学院机电专业学生，李杰父母看到国家鼓励制造业发展以及社会对高技能人才的需求量大，认为学机电专业将来不愁找不到工作，在父母的建议下，口才好、性格开朗、爱交际的李杰选择了机电专业。虽然他学习非常努力，但总是与机器打交道，他觉得没有完全发挥自己的潜能。于是，他考虑将来是不是可以从事既与专业相关又能与人打交道的职业。当他得知学校有就业指导服务后，就去进行专门的职业咨询。在老师的帮助下，他对自己的职业兴趣、性格特点及相适应的职业方向进行了分析、了解。在个人兴趣与性格方面，李杰的霍兰德职业兴趣测试结果为SEC，即社会型、企业型和常规型；MBTI性格测试结果为ENFP，即外向型、直觉型、情感型、知觉型。测试结果显示，他喜欢从事为他人服务和教育他人的工作，有教导别人的愿望；喜欢参与解决人们共同关心的社会问题，比较看重社会义务和社会道德；具有友善、助人、善言谈等性格特征。结合当地就业形势以及自己所学专业，就业指导老师建议他选择机器设备厂商的培训专员等相关工作。李杰高兴得跳了起来，有了明确的发展方向，在此后的学习中，李杰对原本枯燥的专业课程产生了浓厚的兴趣，还通过网络自学人力资源管理课程并参加了相关行业企业的培训，提升了理论知识水平，积累了实践经验。

毕业后，李杰如愿以偿进入某机器设备厂担任培训专员。他的兴趣与他的性格优势得到充分发挥，工作成绩显著，没用几年时间就成为培训部经理。

本课中，我们将分析自我因素（兴趣、性格）与未来职业的关系。在完成这个活动之前，我们先思考以下问题。

1. 如果你是李杰，遇到相同的困惑，你会怎么做？

2. 分析自己的性格、兴趣，并说说这些性格、兴趣在职业生涯发展中会产生什么作用。

3. 如果你的兴趣或性格与将来想从事的职业所要求具备的职业兴趣与性格存在差距，你将如何进行兴趣的培养与性格的调适？

4. 如果你是李杰的就业指导老师，李杰当时在向你请教时，你会给他什么建议？

一、选我所爱——兴趣探索

（一）兴趣与职业的关系

兴趣是指人们积极探究某种事物或进行某种活动的倾向。当一个人对某种事物有兴趣时，会对它产生特别的注意，记忆非常牢固，思维相当活跃，情感异常浓厚。孔子说：“知之者不如好之者，好之者不如乐之者。”对一个人来说，兴趣是最好的职业导师，对工作感兴趣，就有钻劲，有钻劲就会出成绩。

科学家丁肇中说：“工作就是我的兴趣，兴趣使我不会疲倦。”他用 6 年时间读完了别人 10 年的课程，最终发现了 J 粒子，获得 1976 年诺贝尔物理学奖。他如此刻苦读书，并不觉得很累。他说：“没有任何人强迫我这样做，正相反，我觉得很快活。因为有兴趣，我可以三天三夜待在实验室里，守在仪器旁。我急切地希望发现我要探索的东西。”他认为“兴趣比天才重要”。

兴趣引领的人生更富张力

山东学生小王高考以超过重点线 30 分的成绩进入省内某重点大学生命科学专业学习。两年后，爱好“鼓捣东西”的小王却对自己的大学学习生活感到痛苦，退学转到山东某技师学院就读数控专业。对此，他的家人曾很不理解，但谈到自己当年的决定，小王表示“毫不后悔，很庆幸”。

他说当初考大学他没有多想，只是听从父母和老师的建议。上了大学之后，他一开始努力想按照父母规划的路子走下去，但从小喜欢动手摆弄物件的他，对于单纯的文献阅读和学术研究完全提不起兴趣，每天浑浑噩噩，心不在焉。

“人若志趣不远，心不在焉，虽学无成。”与其这样混日子，不如重新定位人生，找到适合自己的路。他很庆幸自己读了技工院校，选了自己喜欢的专业。在这里，他找到了学习的乐趣和适合自己的职业方向。数控专业正符合他动手操作的爱好，看着在自己的操作下成型的作品，他非常有成就感。小王相信，在兴趣和努力的支撑下，他不但能成为学校最好的学生，而且将来还能成为数控行业的翘楚甚至是专家，最大限度地实现自己的人生价值。

兴趣对个人职业生涯的影响主要表现在以下几个方面。

第一，兴趣是职业生涯选择的重要依据。著名人类学家古道尔（女）从小喜欢生物。她中学毕业后，对黑猩猩的强烈兴趣，使她不畏艰险，只身进入热带森林与黑猩猩一起生活了38年之久，并获得了极宝贵的第一手资料，为揭开黑猩猩的秘密做出了贡献。

当一个人对某种职业发生兴趣时，他就能调动整个身心的积极性，充分发挥自己的潜能，促使自己通过创造性的劳动与不懈的努力取得职业生涯的成功。因此，正确地评估自己的兴趣，可以帮助我们更好地规划职业生涯。

第二，兴趣可以提升职业能力。兴趣是一种强大的精神力量，它可以使人集中精力去获得知识，并创造性地开展工作。古今中外著名的科学家、艺术家、文学家，之所以能对人类做出贡献，莫不是由于他们的创造兴趣和他们对事业的责任感相结合而凝成的一股强大力量，推动着他们不懈地努力。有了职业兴趣之后，就能积极地感知、观察事物，积极思考，大胆探索，增强克服困难的意志。

第三，兴趣是保证职业稳定的重要因素。一个人对某一工作有兴趣时，枯燥的工作会变得丰富多彩、趣味无穷。兴趣是工作动力的主要源泉之一，在其他条件相似的情况下，从事感兴趣的职业不但会让自己感到满意，也能够让所在工作单位感到满意，因而使得自己的工作更趋于长期性和稳定性。

第四，兴趣可提高人的工作效率和职业适应力。兴趣使工作不再是一种负担，而是一种享受。兴趣可以调动一个人身心的全部力量，使其以敏锐的观察力、高度集中的注意力、深刻的思维和丰富的想象力投入工作，从而有助于工作效率的提高。曾有人进行过研究，如果一个人对某一工作有兴趣，就能发挥他全部才能的 80%~90%，并且长时间保持高效率工作不感到疲倦。而对工作没有兴趣的人，只能发挥其全部才能的 20%~30%，也容易筋疲力尽。广泛的兴趣可以使人知晓更多领域的知识，眼界较一般人更为宽阔，具备多项技能和才干，从而善于应对多变的环境。

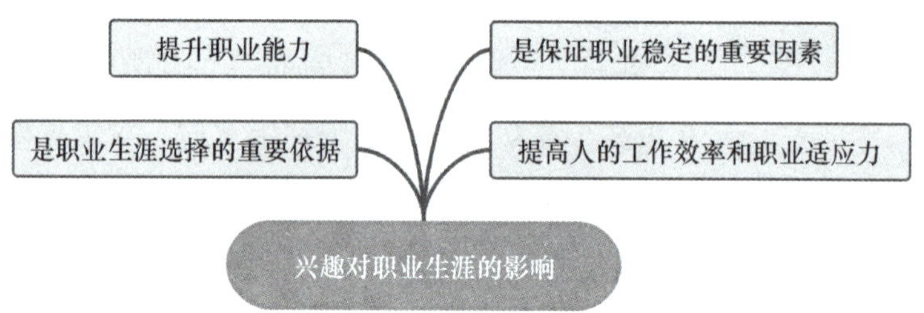

（二）职业兴趣探索的方法

如何寻找你的职业兴趣呢？你可以问自己以下几个问题：对于某件事，你是否十分渴望重复它？是否能愉快地、成功地完成它？你过去是不是一直向往它？是否总能很快地学习它？它是否总能让你满足？你是否由衷地（而不只是从脑海里）喜欢它？你的人生中最快乐的事情是不是和它有关？当你这样问自己时，你会更清楚地了解自己的兴趣所在。请注意，不要让他人的期望、社会的价值观和父母、老师及同学的建议影响你的答案。

课堂活动

兴趣寻宝图

1. 请在兴趣寻宝图的5个藏宝处分别写下你曾经做过的自己觉得很有趣的5件事，越具体越好。例如，玩闯关游戏、做美食、和朋友一起跑马拉松等。

2. 请选出你愿意去重复或持续做，并愿意付出精力把它们做好的3件事。

3. 请把这3件事情当中你感兴趣的点写出来。例如，闯关游戏的兴趣点是可以体会到过关的成就感、和队友联机作战的乐趣；和朋友跑马拉松的兴趣点是体会挑战自我的成就感、享受亲密的友谊；养宠物狗的兴趣点是喜欢那种照顾弱小的感觉和享受亲密感等。

4. 请把这些兴趣点当中类似的项目找出来，并用线连起来。例如，将闯关游戏的成就感和马拉松的成就感用线连起来。

5. 请按照兴趣点出现次数从多到少的顺序，来总体描述自己的兴趣。

6. 自由发言，分享你的兴趣地图。

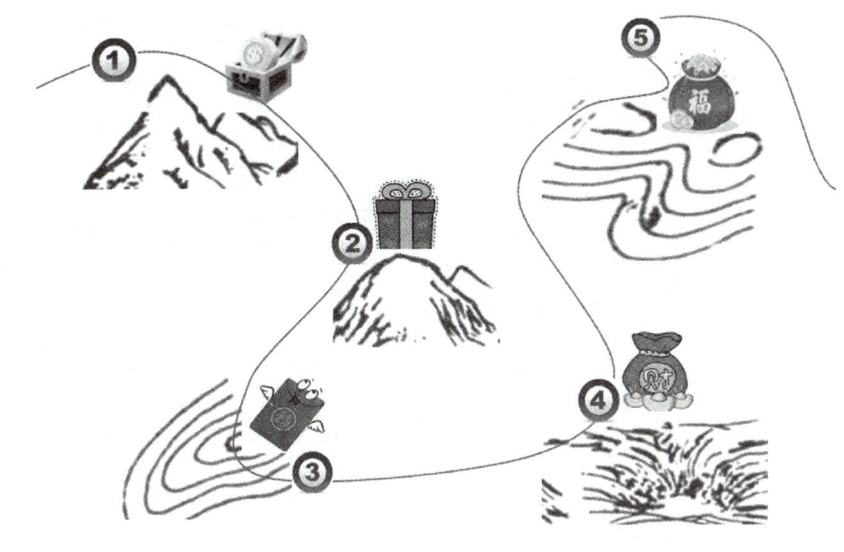

心理学家发现，在不同职业领域工作的人有着不同的兴趣。例如，会计师的兴趣就不同于工程师、医生等人。1959 年，著名的职业指导专家霍兰德根据多年的研究，提出了职业兴趣理论。他认为个人职业兴趣特性与职业之间有一种内在的对应关系。他把职业归纳为 6 种类型，相对应的，也有 6 种类型的人去从事和自己类型相同的职业。这 6 个类型分别是实际型（R）、研究型（I）、艺术型（A）、社会型（S）、企业型（E）、常规型（C），每个人的职业兴趣类型都是这 6 个维度不同程度的组合，具体内容详见下表。

霍兰德职业兴趣理论类型描述

类型	类型基本特点	适配职业人员特点	适配职业示例
实际型（R）	愿意使用工具从事操作性工作，动手能力强，做事手脚灵活，动作协调；偏好做具体任务，不善言辞，较为谦虚；缺乏社交能力，通常喜欢独立做事	喜欢使用工具、机器并且需要一定操作技能的工作；对要求具备机械方面才能、体力或从事与物件、机器、工具、器材相关的职业有兴趣，并具备相应能力	技术性职业（摄影师、制图员、机械装配工），技能性职业（木匠、厨师、技工、修理工、农民）
研究型（I）	思想家而非实干家，抽象思维能力强，求知欲强，肯动脑，善思考；喜欢独立的和富有创造性的工作；知识渊博，有学识、才能，不善于领导他人；考虑问题理性，做事喜欢精确，喜欢逻辑分析和推理，不断探寻未知的领域	喜欢智力水平高的、抽象的、分析能力要求高的、独立的定向任务，喜欢要求具备分析才能，并将其用于观察、估测、衡量、形成理论、最终解决问题的工作，并具备相应的能力	科学研究人员、教师、工程师、电脑编程人员、医生、系统分析员

续表

类型	类型基本特点	适配职业人员特点	适配职业示例
艺术型（A）	有创造力，乐于创造新颖、与众不同的成果，渴望表现自己的个性，实现自身的价值；做事理想化，追求完美，不重实际；具有一定的艺术才能和个性；善于表达，有怀旧情结，心态较为复杂	喜欢要求具备艺术修养、创造力、表达能力和较强的直觉并能将其用于语言、行为、声音、颜色和形式的审美、思索和感受中的工作，并具备相应的能力；不善于做事务性工作	艺术方面（演员、导演、艺术设计师、雕刻家、建筑师、摄影家、广告制作人），音乐方面（歌唱家、作曲家、乐队指挥），文学方面（小说家、诗人、剧作家）
社会型（S）	喜欢与人交往，不断结交新的朋友，善言谈，愿意教导别人；关心社会问题，渴望发挥自己的社会作用；寻求广泛的人际关系，比较看重社会义务和社会道德	喜欢与人打交道的工作，能够不断结交新的朋友，能够提供信息、启迪、帮助、培训、治疗等并具备相应能力	教育工作者（教师、教育行政人员），社会工作者（咨询人员、公关人员）
企业型（E）	追求权力、权威和物质财富，具有领导才能；喜欢竞争，敢冒风险，有魄力，有抱负；为人务实，习惯以利益得失、权力、地位、金钱等来衡量做事的价值，做事有较强的目的性	喜欢要求具备经营、管理、劝服、监督和领导才能，从事实现政治、社会及经济目标的工作，并具备相应的能力	项目经理、销售人员、营销管理人员、政府官员、企业领导、法官、律师

续表

类型	类型基本特点	适配职业人员特点	适配职业示例
常规型（C）	尊重权威和规章制度，喜欢按计划办事，细心、有条理，习惯接受他人的指挥和领导，自己不谋求领导职务；喜欢关注实际和细节情况，通常较为谨慎和保守，缺乏创造性，不喜欢冒险和竞争，富有自我牺牲精神	关注细节，有系统，有条理。喜欢据特定要求或程序组织数据和文字信息的职业，并具备相应能力	秘书、办公室人员、记事员、会计、行政助理、图书馆管理员、出纳员、打字员、投资分析员

通过上表，我们可以比较直观地了解 6 种职业兴趣类型。每个人的职业兴趣在这 6 种类型中都或多或少地有所体现，只是强弱程度存在差异。为了更好地描述一个人的职业兴趣，通常会用个人所选出的排序前三的类型的字母来表示一个人的职业兴趣，如 RIA、SAE 等，这类代码被称为霍兰德职业兴趣代码。下面通过一个小游戏来帮大家简单测试一下个人的职业兴趣。

兴趣岛漂流记

放暑假了，大家相约去海上度假。途中，由于游轮触礁致使所有的乘客必须上岛。船长通过广播告诉大家："乘客们，不要惊慌，我们很幸运地距离 6 个小岛很近，我们可以登陆其中任何一个小岛。至于未来是否有船经过救援，这个可能性很小，这些岛屿很可能是我们后半辈子要待的地方。我将一一向大家介绍每个岛的情况，每个人必须且只能选择其中一个岛登陆，因此我建议大家按照自己的兴趣来选择自己喜欢的岛屿。”接下来，船长依次介绍了6个岛的基本情况，考虑到一些岛可能会人过多，船长要求大家在纸片上写下自己首先、其次和再次选择的岛屿。

岛屿介绍

岛屿	岛上情况描述
第一个岛屿：自然原始的R岛	这是个自然生态优良的绿色之岛。岛上不仅保留了热带雨林，而且建立了相当规模的植物园、动物园、水族馆。岛民以手工制造见长，他们自己种植花果，栽培蔬菜，修缮房屋，打造器物，制作工具
第二个岛屿：深思冥想的I岛	该岛平畴绿野，人少僻静，适合夜观星象。岛上有很多天文馆、科技博物馆、科学图书馆。岛民们最喜欢待在自己的小房子里，天天钻研学问，沉思冥想，探究真知。哲学家、科学家和心理学家们在这里聚会，讨论学术，交流思想
第三个岛屿：美丽浪漫的A岛	该岛到处是美术馆、音乐厅，弥漫着浓厚的艺术文化气息。岛民们保留着传统的舞蹈、音乐与绘画。许多文艺界人士喜欢来到这里开沙龙派对寻求灵感
第四个岛屿：温暖友善的S岛	该岛岛民们性情温和，乐于助人，人际关系十分融洽。大家互助合作，重视教育后代。每个社区都能自成一个密切互动的服务网络，处处充满着人文关怀气息
第五个岛屿：显赫富庶的E岛	该岛经济高度发展，处处有高级饭店、俱乐部、高尔夫球场。岛民性格热情豪爽，善于经营企业和开展贸易活动。岛上往来者多是企业家、经理人、政治家、律师等。岛民在该岛上享受着高品质的生活

续表

岛屿	岛上情况描述
第六个岛屿：现代井然的C岛	这是一个都市形态的岛屿，处处耸立着现代建筑，岛上的各项管理制度都十分完善。岛民们个性冷静、保守，做事有条不紊，善于组织规划

同学们，活动中的6个岛屿对应的就是霍兰德职业兴趣理论中6种兴趣类型的代码。请回答以下问题。

1. 如果你是游轮乘客之一，你最想前往的3个岛屿是什么？为什么？

______

______

2. 对照自己的职业兴趣特点和职业兴趣类型，结合所学专业，看看自己将来最想从事的职业是什么。

______

______

3. 对比最想从事的职业的特点和要求，看看自己和目标有没有差距，如果有，说说要怎样缩短这些差距。

______

______

（三）巩固和培养兴趣

个人职业兴趣的培养是一个从无到有，从不稳定到稳定的依次推进的过程，可以用三个词来概括：有趣、乐趣和志趣。

第一个阶段：有趣。有趣是兴趣发展的低级阶段，往往短暂易逝，非常不稳定。处于这一阶段的兴趣常常与个体对某一事物的新奇感相联系，随着这种新奇感的消失，兴趣也会自然地逝去。

第二个阶段：乐趣。它是在有趣定向发展的基础上形成的，是兴趣发展的中级阶段，在这一阶段中，个体的兴趣变得专一、深入。

第三个阶段：志趣。当乐趣同个体的社会责任感、理性、奋斗目标结合起来时，乐趣便变成了志趣。志趣具有社会性、自觉性和方向性，是取得成就的根本动力和重要保证。那么，如何让自己的普通兴趣最终变成追求事业发展的志趣呢？

第一，保持好奇心与求知欲。积极接触未知事情，激发求知欲，多了解职业种类，了解得越多，职业兴趣就越广泛，选择面就会越宽，择业动机就越强，就会越热爱所选择的职业。

第二，深入探究，持之以恒。假如你喜欢某一领域，如果在该领域锁定一个研究主题，那你就要进行深入探究。在逐渐深入的过程中加强学习，增加知识的积累、提升技能，在这种积累渐渐成为生活的一部分后，这种兴趣便逐渐形成乐趣。

第三，拥有必要的社会责任心。事实上，在就业时，大多数人并不能挑选到自己最理想的职业。这时，我们应该拿出必要的对社会负责的态度，培养自己的职业爱好，“干一行、爱一行”。

第四，寻找志趣相投的朋友。善于寻找与自己志趣相投的朋友，互相鼓励支持，这有利于兴趣的进一步发展。

想一想

同学们，除了以上几种方法，你们还会如何培养自己的职业兴趣呢？

课堂活动

评选“兴趣培养之星”

兴趣是最好的老师，自我感觉有趣的事总能吸引我们的注意力，但要想让兴趣引导我们成就更好的自己，还需要我们付出努力，把一时的兴趣变成持久的乐趣甚至能给我们提供源源不断动力的志趣。

1. 请同学们阅读课本，思考：如何让普通的兴趣稳定下来，成为促进职业发展的志趣呢？

2. 分组，小组成员互相分享发展个人兴趣的做法。每个组推选一位“兴趣培养之星”。

3. 请“兴趣培养之星”向全班分享发展个人兴趣的经验。

二、选我所适——性格探索

（一）性格与职业的关系

性格是每个人在对人、对事的态度和行为方式上所表现出来的个性特征，如刚强、懦弱、热情、孤僻等。职业性格是指人们在长期特定的职业生活中所形成的与职业相关的、稳定的心理特征。

我们每个人都有自己独特的个性，看问题、处理事情的风格、方式也不同。性格一旦形成，就具有相对稳定性。很多人认为，性格也不是一成不变的。确实，性格可以因生活环境、人生经历等因素的变化而发生改变。

性格是一个具有道德评价性质的词。有些性格（如和气、与人为善、体贴人等）被认为是积极的，而有些性格（如尖酸刻薄、挑剔等）则被认为是消极的，需要改正。确实，从为人处世的角度来说，一些性格会影响我们与他人建立良好的人际关系。但是，从职业选择这一角度来说，每一种性格都有其优势。职业的选择与发展不是要弥补性格中的劣势而是要发挥性格中的优势。比如，张飞的鲁莽暴躁性格最终让他死于非命，但他的这种性格也使他在打仗时不怕牺牲，冲锋陷阵，为蜀国的建立立下汗马功劳。

议一议

《西游记》中的师徒四人：

唐僧坐在路边石头上，目光坚定地说："弟子虽历尽苦难，定要取得真经。"

孙悟空举着金箍棒："妖怪，任你也逃不过俺老孙的火眼金睛！"

猪八戒拿着人参果说："猴哥，再去弄几个人参果给哥儿几个尝尝。"

沙僧挑着担子说："师傅且歇息一下，我去前面化些斋饭。"

《西游记》中师徒四人组成的取经团队，最终冲破九九八十一难，取得真经，是一个成功的团队。请同学们思考并回答：师徒四人如果在现代，分别适合什么工作，为什么？

性格类型与职业需求之间存在一定的关联性：一方面，不同性格类型的人适合不同的职业环境；另一方面，从事某种特定职业的人，会按照职业的要求不断巩固或者调整原有的性格特征，甚至改变原有的性格。职业心理学研究表明，不同的职业需要具有不同性格的从业者。如敏锐型的人，精神饱满，好动不好静，办事喜欢速战速决，但有时情绪不稳定，这类人适合做运动员等。情感型的人，感情丰富，喜怒哀乐溢于言表，不喜欢单调的生活，爱刺激，对新事物很有兴趣，这类人适合做演员、导游、社会活动家等。

但是，性格与职业之间并不存在严格的一一对应关系。不同性格类型的人在同一职业领域中能够各具特色，同一性格类型的人在不同职业领域中也会各显魅力。比如，情绪型的人，如果从事文学创作，会因其感情丰富细腻而将人物的心理活动刻画得惟妙惟肖；如果从事社会科学研究，会因其善于想象而在非逻辑思维上比理智型的人更胜一筹。

身边的故事

刘倩的困惑

刘倩是学校里的风云人物。英语专业的她性格外向，能力突出，毕业找工作的时候没有费多大力气就找到了一家贸易公司，还当上了市场部经理助理。从一开始，她工作的劲头就很足，开会展、联系客户、做宣传材料，大事小事样样揽上身，忙得不亦乐乎。可是半年不到，公司倒闭，于是她又到一家药品代理公司做客服。这家公司要求员工严格按照制度办事，生性活泼、干事风风火火的刘倩很快就觉得压抑，加之对药品行业不感兴趣，于是刘倩想再谋职业。

在做第一份工作时，刘倩所选择的岗位与其性格相吻合，因此她做得很出色。而在第二份工作中，刘倩的性格与岗位要求不匹配，因此工作并不如意。如果她向你求助，你会给她什么建议？

（二）性格探索的方法

目前，心理学家已经探索出很多种有关性格的分类方法，如大五人格、九型人格等。在职业选择与发展领域，应用最广泛的是基于著名心理学家荣格的心理类型理论而开发的“梅尔斯-布瑞格斯心理类型指标”（Myer-Briggs Type Indicator，简称 MBTI）。MBTI 开发者认为，人的性格可以分为 4 个维度，每个维度有两个方向。能量指向：外向（extroversion）、内向（introversion）；获取信息方式：感觉（sensing）、直觉（intuition）；决策方式：思考（thinking）、情感（feeling）；行动方式：判断（judging）、知觉（perceiving）。

4 个维度可组合形成 16 种人格类型，即 MBTI 的 16 种性格类型。

个体通过 MBTI 测试，可以获取个人的能量指向、认知风格、生活方式等诸多信息，了解自己与他人交往时所表现的持久稳定的行为特点，从而可以综合得出自己适合的职业类型。

做一做

同学们，请填写下面的 MBTI 职业性格自评表，进行自我评估，判断自己的偏好。在评估时，一定要注意选出自己的天生偏好，尊重自己的第一反应，而不是选择社会或他人期望的内容；要注意选出自己的习惯性偏好，而不是偶尔几次的偏好。最终，每个维度上偏好类型的代表字母组合在一起，就构成了你的性格类型。

MBTI 职业性格自评表

第一维度：能量指向 （你更喜欢将自己的注意力集中于何处？你将从何处获得活力？）	
外向 extraversion（E）	内向 introversion（I）
主要特征： 1. 注意力和能量主要指向外部世界的人和事，从与人交往和行动中得到活力 2. 关注外部环境 3. 喜欢用谈话的方式进行沟通 4. 通过谈话形成自己的意见 5. 用实际操作或讨论的方式能学得更好 6. 兴趣广泛 7. 好与人交往、善于表达 8. 先行动，后思考 9. 在工作和人际关系中都积极主动	主要特征： 1. 注意力和能量集中于自己的内心世界，从对思想、回忆和情感的反思中得到活力 2. 关注自己的内心世界 3. 更愿意用书面方式沟通 4. 通过思考形成自己的意见 5. 用思考、用在头脑中“练习”的方式学得更好 6. 兴趣较集中 7. 安静而显得内向 8. 先思考，后行动 9. 当情境或事件对他们具有重要意义时才会采取主动
自我评定结果是：外向 E（　　）	内向 I（　　）

续表

第二维度：获取信息方式 （你如何获取信息？）	
感觉 sensing（S）	直觉 intuition（I）
主要特征： 1. 用自己的五官来获取信息；喜欢收集实实在在的、确实已出现的信息；对于周围所发生的事件观察入微，特别关注现实 2. 着眼于当前的实际情况 3. 现实、具体 4. 关注真实的、实际存在的事物 5. 观察敏锐，能记住细节 6. 经过仔细、周详的推理一步步得出结论 7. 通过实际运用来理解抽象的思维和理论 8. 相信自己的经验	主要特征： 1. 通过想象、无意识等超越感觉的方式获取信息；喜欢看整个事件的全貌，关注事实之间的关联；特别善于看到新的可能性 2. 着眼于未来的可能 3. 富有想象力和创造力 4. 关注数据所代表的意义 5. 当细节与某一模式相关时才能记得 6. 靠直觉很快得出结论 7. 希望在应用理论之前能对之进行澄清 8. 相信自己的灵感
自我评定结果是：感觉 S（　　）	直觉 N（　　）
第三维度：决策方式 （你是如何做决定的？）	
思考 thinking（T）	情感 feeling（F）
主要特征： 1. 通过分析某一行为或选择的逻辑、后果来做决定；会将自己从情境中分离出来，对事件的正反两方面进行客观的分析；从分析、确认并排除事件里的错误中获得活力；目标是要找到一个能应用于所有相似情境的标准或原则 2. 喜好分析 3. 运用因果推理 4. 以逻辑的方式解决问题 5. 寻求一个合乎真理的客观标准 6. 爱讲理 7. 可能显得不近人情 8. 公平，意味着每个人都能得到平等的待遇	主要特征： 1. 喜欢考虑对自己和他人来说什么是重要的；会在头脑中将自己放在情境中换位思考，试图理解别人的感受，然后在此基础上根据自己的价值判断做出决定；从对他人表示赞赏和支持中获得活力；目标是创造和谐的氛围，把每个人都当作一个独特的个体来对待 2. 善于体贴他人，对他人境遇感同身受 3. 受个人价值观的引导 4. 衡量决定对他人产生的后果和影响 5. 寻求和谐的气氛和积极的人际交往 6. 富有同情心 7. 可能会显得心慈手软 8. 公平，意味着每个人都被作为独特的个体来对待
自我评定结果是：思考 T（　　）	情感 F（　　）

续表

第四维度：行动方式 （你如何与外部世界打交道？）	
判断 judging（J）	知觉 perceiving（P）
主要特征： 1. 喜欢将事情管理得井井有条，过一种有计划的、井然有序的生活；喜欢做出决定，完成后继续下面的工作；生活通常会比较有规划、有秩序，喜欢把事情敲定下来；按照计划和日程安排办事对你来说很重要；从完成任务中获得能量 2. 有计划 3. 喜欢管理自己的生活 4. 有系统、有计划 5. 按部就班 6. 擅于做短期和长期的计划 7. 喜欢把事情敲定、落实 8. 力图避免在最后一分钟才做决定或完成任务的压力	主要特征： 1. 喜欢以一种灵活、自发的方式生活，更愿意体验和理解生活而不是去控制它；详细的计划会使你感到被束缚；愿意对新的信息和选择保持开放直到最后一分钟；足智多谋，善于调节自己以适应当前场合的需要，并从中获得能量 2. 自发的 3. 灵活 4. 随意 5. 开放 6. 适应，改变方向 7. 不喜欢把事情确定下来，以留有改变的可能性 8. 最后一分钟的压力会使他们感到活力充沛
自我评定结果是：判断 J（　　）	知觉 P（　　）

同学们，你的 MBTI 性格类型自评结果是什么呢？____________

该类型性格特征描述与你自己相似吗？____________

请你再通过网络等途径了解 MBTI 16 种性格类型及其相对应的职业倾向，并填写你的性格类型所对应的职业倾向：____________

（三）性格的可塑性

俗话说："江山易改，禀性难移。"一个人的性格具有相当的稳定性，一般不会在短时间内发生很大的变化，但这并不意味着性格就完全一成不变。

人的性格实质上是人的一种行为习惯。性格既然是习惯，就具有可塑性。在现代社会，终生从事一份工作的可能性越来越小，不同职业对从业者性格要求不同，为了生存和发展，我们必须敢于突破自我和完善自我，扬性格和天赋之长，避性格和天赋之短。我们不仅要选择适合自己个性的工作，更要善于调适自己的性格，主动适应岗位变化的需要。

对于即将走入职场的我们来说，如何优化自己的性格，适应岗位的要求呢?

1. 主动融入集体

有些同学进入职场后，表现得不合群，上班是悄无声息地来，下班是不打招呼就走，每天如同空气般存在，同事也渐渐地会忽略这类职场人的存在，以致当这类职场新人需要协同其他部门开展一项任务时，常因获得不了支持而困难重重。刚入职场，利用中午时间和同事们聊聊天、吃吃饭，熟悉起来，这会帮助新人快速融入集体。

2. 勇于承担责任

职场新人因阅历浅、处事经验不足而犯一些错误在所难免，但不能什么事情都拿自己是新人来当挡箭牌。一旦做错事被发现，就开始找借口，还不忘加上一条理由："我是新来的，所以不懂这样的规矩。"开始一两次说自己没经验犯了错没关系，大家都可以谅解，但是一遇到问题就把自己的责任推得一干二净，势必引起旁人反感，也往往会因为不懂承担责任而陷入人际关系的危机中。在职场中，推卸责任的人本身就不受人尊敬，更何况是新人。找根源，少抱怨，勇担当，新人才有可能发展。

3. 勤于踏实做事

新人初入职场时，一般都会从最基础的工作做起，在慢慢适应的过程中了解并熟悉整个工作流程。虽然有些工作繁杂琐碎，但是只有做过这些，将来才有可能完成更大的工作任务。因此，初入职场时要踏实做事，认真做人，把简单的事情做好，获得公司和同事的认可。

4. 乐于主动学习

初入职场，可能一时没有具体的工作任务，考核指标的压力也不那么明显，但职场新人要主动去学习自己所在行业的知识，掌握相关的技术，了解公司的运营和发展情况，以便于更好地开展工作。

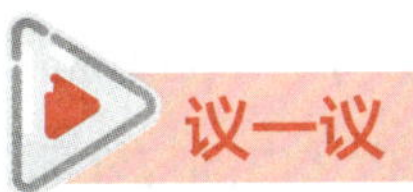

议一议

任丹是会计专业的女生，深沉、文静、少言寡语。毕业后，在一次同学聚会时，同学们惊诧不已，差点不敢认她。昔日的“薛宝钗”变成了“王熙凤”，显得精明、干练、能言善辩。原来，任丹毕业后在一家企业做出纳工作，每天和数据、票据打交道，工作离家近，也适合自己的性格，所以任丹很满意。可好景不长，公司由于经营不善破产，她只好另谋职业。

任丹通过一家公司的技能考核成为一名营销员，这份工作需要任丹善于和陌生人打交道，性格得外向，善于主动开拓，不然就很难胜任工作。任丹除了在能力上进行提升和在心态上进行快速调整适应新岗位外，平时非常刻意地训练自己与人交流，主动和陌生人交往。经过自己的努力和工作的磨炼，她逐渐适应了新职业的需要。

1. 任丹原来是什么样的性格？
2. 参加工作后，任丹的性格发生了怎样的变化？
3. 任丹是如何优化自己的性格的？
4. 分析自己的性格特点，感觉与未来想从事的职业要求有没有差距？如果有，又该如何调整自己的性格呢？

三、选我所长——态势分析

老子说过：“知人者智，自知者明。胜人者有力，自胜者强。”这个世界上最了解自己的是自己，但这个世界上最不了解自己的也是自己。正是因为我们总与“自己”在一起，所以很难客观评价自己，需要借助一些理性的分析工具。人的性格没有绝对的好坏之分，兴趣爱好也各有不同，在不同环境与职业中，优点与缺点是相对的。因此，对照自己的职业目标，借助 SWOT 分析等专业化工具全面客观分析自己，可以使自己努力的方向更加明确。

（一）认识 SWOT 分析

SWOT，是英文单词 strength（优势）、weakness（劣势）、opportunity（机会）、threat（威胁）的缩写。在评估时，SWOT 分析从内部与外部、优点与缺点两大方面 4 个角度切入。

strength 自身具有的优势	weakness 自身存在的劣势
opportunity 外部环境中存在的机遇	threat 环境中存在的竞争与危机

SWOT 分析是检查个人技能、职业喜好和职业机会的有效手段，需要针对具体的情境与目标进行。运用 SWOT 分析，我们可以知晓自身的有利条件和不利因素、自己的长处和不足，利用好外部环境，抓住机会，为自己的能力提升指明方向。

（二）如何进行 SWOT 分析

1. 优势（strength）分析

我们每个人都有自己独特的天赋和能力。在如今分工精细的社会中，每个人会擅长某个或多个领域，而很难做到样样精通。

那么，在职场里，一个人的优势在哪里？让我们一起来探索吧。

探索我的优势

1. 我身上最优秀的品质有：________________________________

2. 我学过的东西（专业、技能等方面）有：____________________

3. 我参加过的活动、做过的事情（学生干部工作、社会实践、各类比赛、志愿者服务等方面）有：____________________

4. 我身边的家人、朋友夸我：____________________

5. 从小到大我认为自己做得最成功、最值得骄傲的事情是：____________________

通过以上对个人优势的分析，我发现自己身上的优点有：____________________

____

2. 劣势（weakness）分析

与分析自己的优势一样，我们仍然是围绕自己的职业目标，从以下几个角度进行剖析。我们需要客观看待自己的缺点，但请记住千万别做“批判家”。

做一做

探索我的不足

1. 我认为自己在性格方面存在这些不足：____________________

2. 我的家人、朋友等认为我的不足有：____________________

3. 我在经验或经历（社会实践、学历提升、外语学习、软件使用、技能操作、资格考证等方面）上的不足有：____________________

4. 在我的成长经历中，我从印象最深刻的 3 件有失败感的事情中吸取的教训是：____________________

5. 通过以上对个人劣势的分析，我发现自己身上存在的不足有：____________________

____

我们知道，不同的行业（包括这些行业里不同的公司）都会面临外部机会与挑战，如果公司处于一个常受外界不利因素影响的行业里，很自然，这个公司能提供的职业机会不多，职业升迁的机会也很少。相反，一个常受外界积极因素影响的行业将为求职者提供广阔的职业前景。因此，识别机会与挑战有助于我们找到一份能促进个人长远发展的工作。

3. 机会（opportunity）分析

分析我的机会

1. 结合我的职业目标，根据自身实际情况（专业、性格、兴趣等），我的机会有：____

2. 国家政策（如乡村振兴、创新创业政策）等外部环境给我带来的机遇有：____

3. 学校、父母或家庭、朋友等提供的资源、机会有：________________

4. 威胁（threat）分析

分析我的威胁（挑战）

结合我的职业目标、学历、专业背景以及市场环境、人才市场情况，我

分析出目前面临的威胁（挑战）有：________________________________

____

综合以上从 4 个角度分析的内容，填写下表，完成自己的 SWOT 分析。

我的 SWOT 分析

优势 S：	劣势 W：
机会 O：	威胁 T：
SWOT 总体分析：	

（三）运用 SWOT 分析结果

SWOT 分析不是我们的最终目标，进行 SWOT 分析是为了通过使用该工具进行行动定位，即面对外部的威胁和自身的劣势，我们需要采取什么样的弥补措施；面对我们的优势与机会，我们应该如何加以利用。

下面我们结合一个案例来详细阐述如何在个人职业生涯决策中运用 SWOT 分析结果。

身边的故事

赵辉同学的求职就业 SWOT 分析与运用

赵辉，男，某技工院校网络信息与安全专业三年级学生，担任校学生会宣传部部长、校学生计算机协会副会长、班级班长，曾获省级网络信息与安全学科竞赛二等奖。他为人真诚、性格温和、有主见、富有创造力，喜欢能让自己静下心的工作环境，喜欢一切与计算机相关的知识。

职业目标：希望从事信息化建设、系统开发与维护、信息及网络安全、产品营销及技术服务等相关工作。

赵辉 SWOT 分析清单

	机会（opportunity）	威胁（threat）
环境分析	1. 国家高度重视高技能人才队伍建设，出台系列相关政策鼓励就业 2. 学校在当地知名度高，注重技能型人才培养，与当地相关企业建立紧密校企合作关系，有专业的实践实训场所及校外实践基地 3. 互联网时代，网络信息行业发展快速，人才需求旺盛，专业就业前景好	1. 每年新增就业人口多，就业压力大、竞争激烈 2. 随着科技进步，社会对人才素质要求越来越高，企业用人门槛提高，对个人英语水平要求较高

续表

优势（strength）	优势机会策略	优势威胁策略
1. 热爱本专业，刻苦努力，学业成绩优秀，专业能力强，实践动手能力较强，并获得相应资格证书 2. 担任学生会干部，有较强的组织管理能力 3. 为人积极向上，有责任心，喜欢从事与本专业相关的工作 4. 可塑性强，有一定的创新能力，有主见，具有较强的竞争意识，自我管理能力强 5. 能够静心钻研专业知识，善于思考，有一定的分析能力，逻辑思维能力较强	1. 继续加强专业知识学习，加强社会实践及校外实习，增强自身素质，提升自己的就业竞争力 2. 参加各类人才招聘会，为自己就业创造更多机会，积累更多经验	1. 利用自己的优势，自主学习专业知识和英语 2. 主动寻找实习机会，积累工作经验，提高个人素质 3. 保持积极乐观的心态，勇于创新，提升自己的决策能力
劣势（threat）	**劣势机会策略**	**劣势威胁策略**
1. 性格较为内向，有点保守，冒险精神不够，与人沟通的能力需要提升 2. 系在校学生，实践能力不强，缺少社会经验 3. 信息技术日新月异，学校所学知识会有一定的滞后性 4. 职业素质有待进一步提升	1. 积极参加就业培训和招聘企业宣讲会，锻炼自己的语言表达能力，提高自信心 2. 参加学校举办的企业职场体验活动；利用寒暑假及业余时间进行社会实践，增加就业机会	1. 积极参加集体活动，锻炼社交能力，扩大自己的人际交往圈 2. 多参加实践活动，提高职业素质
分析之后整体结论：职业发展道路定位在中小型网络科技公司的信息化建设、系统开发与维护、信息及网络安全、产品营销及技术服务等相关岗位		

赵辉同学基于自己的SWOT分析结果，做了一份未来5年的职业规划。

赵辉未来5年职业规划

所处阶段	主要目标	行动计划
探索阶段——学生	培养兴趣，学习工作所需技能，不断厘清自己的需求及个人职业规划	多学习有关计算机方面的专业知识，提高自己的专业素养，培养对该行业的浓厚兴趣，提升英语水平
进入阶段——求职者	在人才市场寻找跟信息化建设、系统开发与维护、信息及网络安全、产品营销及技术服务等相关的工作	积极参加招聘会，制作简历，做好面试准备
新手阶段——职场新人	了解单位，熟悉工作流程，接受组织文化，在某个领域形成无法取代的优势	学会与同事相处，学会面对失败，适应竞争，处理工作中的冲突，自主学习；评估自身的才干、价值观与组织中的机会、约束的匹配性，如果不合适，可以重新选择工作
发展阶段——主管、骨干	选定一个专业方向或进入管理部门，提升新的技能和综合素养，力争成为专家或职业经理人	保持竞争力，继续学习，提高个人绩效，承担更大责任，明确职场位置，寻求家庭与事业间的平衡，制订长期职业发展规划

请同学们了解赵辉同学的求职就业SWOT分析与运用情况，并与同桌讨论回答以下问题：

1. 赵辉对环境中的机遇和威胁做了哪些方面的分析？
2. 赵辉是如何利用SWOT分析结果指导自己学习和成长的？
3. 赵辉的5年职业规划包括了哪几个阶段？
4. 你觉得赵辉的5年职业规划还有没有需要改进的地方？

实训任务

撰写我的成就故事集

一、任务描述

运用 STAR 法则讲述自己所经历的最感动、最自豪、最有成就感的事。在一个个故事的呈现过程中，我们可以找寻自身的优势、特长，从而增强自信心。

STAR 是 situation、task、action、result 的缩写，具体含义如下。

situation：事情是在什么情况下发生的。

task：你是如何明确你的任务的。

action：针对这样的情况，你采用了什么行动方式。

result：结果怎样，在这样的情况下你学习到了什么。

二、任务实施

我的故事

姓名：　　　　性别：　　　　专业：　　　　班级：

序号	故事简介	背景（situation）	目标（task）	行动（action）	结果（result）
1					
2					
3					
4					
5					

续表

我发现自己具备的能力有（根据擅长的程度依次写）：______________________

自我管理能力：____

专业能力：____

可迁移技能（如表达沟通能力、组织管理能力、问题分析能力等）：________
____

我期待自己还能具备的能力有：__________________________________

自我管理能力：____

专业能力：____

可迁移技能（如表达沟通能力、组织管理能力、问题分析能力等）：________
____
____

从这些故事中，我发觉自己还在其他方面（如兴趣、性格、价值观等）有优势：

第三课　初步了解企业岗位

学习目标

1. 通过自主学习，初步了解职业及其分类。
2. 通过案例分析、集体讨论等活动，明确求职前应该了解的企业和岗位相关信息。
3. 通过完成实训任务，调查了解企业岗位信息，增强职业认同感，明确努力方向。

翻转课堂

本课导读

初步了解企业岗位

- 认识职业世界
  - 职业及其分类
  - 职业世界的新变化
- 初步了解企业
  - 了解企业的类型
  - 了解企业的规模
  - 了解企业注册地和经营地
  - 了解企业的发展史
  - 了解企业提供的产品或服务
  - 了解企业的文化和制度
- 岗位任职要求
  - 学历教育
  - 知识要求
  - 资质证书
  - 专业技能
  - 年龄
  - 相关经验
  - 个性特点
  - 身体素质
- 实训任务
  - 任务描述
  - 任务实施

有学历有证书，工作还是不称心

胡静是一个独生女。上大学时，父母为了让女儿留在自己身边并有一个稳定的工作，就建议她选择当地的一所师范类院校。胡静也觉得父母说得有道理，她认为自己比较有爱心，喜欢孩子，适合当老师，她也喜欢这种平淡而轻松的生活。

毕业后，胡静如愿以偿地成为一名中学教师，但干了一段时间以后，她却一点也高兴不起来。教师的工作并不像她想象的那么简单，除了要上好课还要管理班级、组织活动、联系家长等，性格内向的她感到压力很大；而班上的学生也不都像她想象的那样乖巧听话，经常令她焦头烂额、不知所措，她每天想的就是什么时候放假，好暂时解脱。父母告诉她，万事开头难，有经验了就好了，劝她不要放弃。

就这样坚持了一年多，胡静觉得实在力不从心，于是瞒着父母辞职了，自己找了一家广告公司做策划助理。想着广告公司和学校不一样，不需要管理一个班几十号人，做好自己的工作就好了；而且自己大学时电脑功底也不错，又有资格证书，做这份工作应该不会有很大压力。但她入职后发现，在公司加班是家常便饭，遇上客户催得紧，有时还需要连续加班。干策划工作要有创意，工作上做不出成绩，时间长了，根本没法待。工作的强度和压力让胡静越来越难以承受，她感到倦怠、烦躁，没法继续工作，只好又辞职。

之后，胡静的工作就一直定不下来。自己手上有学历又有证书，可为什么工作的事就总是这么不顺呢？胡静越想越烦躁。

1. 为什么胡静多次换工作？

2. 在找工作之前我们应该了解哪些相关信息？

3. 胡静的故事带给我们最大的启示是什么？当我们遇到自己不满意的工作时，该怎么办呢？

进入 21 世纪以来，科技的进步尤其是信息技术的发展，极大地影响和改变了我们的生产生活方式，也改变着职业结构、职业形态及人们对职业的看法。即将毕业，面对纷繁复杂的职场，我们的路在何方呢？不妨问自己几个问题：现在能够说出多少种与自己专业相关的职业名称？这些职业具体是做什么的？在这些职业中有没有自己想从事的？如果回答不出来，那么我们找工作以及在未来的职业生涯中很可能会走不少弯路。

一、认识职业世界

（一）职业及其分类

1. 职业

所谓职业，是指社会人员按照社会分工所从事的相对稳定、合法、有报酬的工作。教师、警察、会计、医生、营业员、厨师、秘书、驾驶员、保安、理发师、法官、军人、清洁工、记者、咨询师、演员、作家等都是职业的名称。

人类在原始社会早期是没有职业这个概念的。人们日出而作，日落而息，为维持生存而劳动。之后，社会生产力水平提高了，人们的劳动成果除了满足日常生活外，还有了剩余，这就使一部分人从狩猎、耕种的劳动中脱离出来，从事畜牧、加工等劳动，于是就出现了畜牧业与农业、手工业与农业的分离。也就是说，这时候有人专门从事农业生产，有人专门从事畜牧业生产，有人专门从事手工业生产，有人专门从事劳动产品的交换……于是就有了农民、牧民、工匠、商人等从事专门工作的群体，最初的职业也就由此产生。从职业的产生过程来看，职业随生产力的发展而产生，是社会分工的结果。不同的职业有着不同的工作对象、工作内容、工作方式和工作场所，不同的职业对从业者的要求也各不相同。

在“行乞、做月嫂、开锁、倒卖车票、商品传销、职业介绍”中，哪些是职业活动？为什么？

职业活动对个体来说有三项基本功能。它既是一个人获得生活来源的主要途径，又是其扮演一定社会角色、履行社会职责的主要方式，同时也是其实现人生价值的主要手段。

由于从事职业活动是获得生活来源的主要途径，人们在择业时通常会把获取较高的报酬放在第一位进行考虑，这是无可非议的。但是，如果将此看成职业活动的唯一价值，人就很容易沦为金钱的奴隶。

职业活动从本质上说是一种服务社会的活动。在工作中，人们总是以一定的职业身份与社会组织、部门和个人打交道，在此过程中要承担和履行一定的社会责任。这既是职业的要求，也是职业社会属性的具体体现形式。所以，职业活动不仅是一种个人行为，还是社会正常运转的有机环节。有了这样的认识，我们就不会为报酬的高低而斤斤计较，就会自觉遵守职业道德，进而从内心更加热爱自己的职业。

人的一生可以称为职业的一生，所以人生的价值主要通过职业活动得以实现。如果脱离职业空谈什么个人价值，就会陷入不切实际的空想，因为这种所谓的“价值”若没有了职业作为依托，就根本无从体现。从另一个角度说，一个人如果不能通过职业活动为他人、为社会创造价值，就不会被社会认同；反之，一个人如果能不断地为他人、为社会创造价值，那么他被社会认同的程度就会越来越高，其人生价值也会因此得到最大限度的实现。

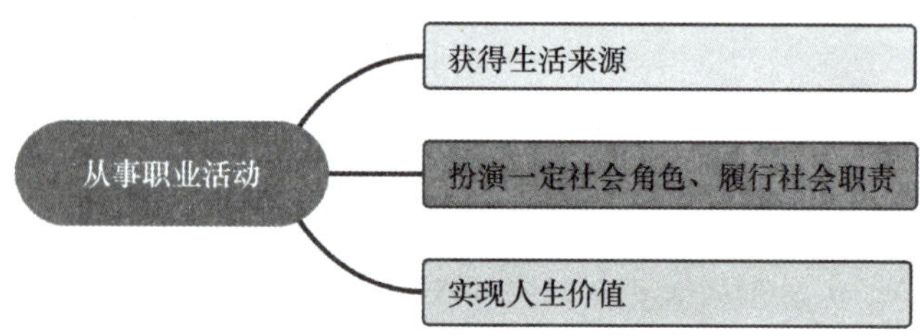

2. 职业分类

职业分类是人们运用科学的方法和手段，对社会全体从业人员所从事的各类经济性活动进行分析和研究，按照其活动的性质、对象、内容、形式、功用和结果等进行的类型划分和归总。职业分类不但可以帮助我们了解整个社会的职业状况，还可以帮助我们了解每个职业的具体状况，尤其是每个职业的任职要求，从而帮助我们进行科学合理的职业生涯规划和卓有成效的职业训练。我国的职业分类主要体现在《中华人民共和国职业分类大典》中。

议一议

请同学们结合自己所学的专业，在网上查找自己感兴趣的职业，并完成下表。

我感兴趣的职业的相关信息

职业名称： 职业描述：   一般招聘条件：

（二）职业世界的新变化

随着社会的进步，客观反映经济发展和科技进步的职业结构也会发生相应的变化。一批新职业会如雨后春笋般涌现，而一些传统职业也会消失或变化。2019 年 4 月，人力资源社会保障部等部门正式向社会发布了人工智能工程技术人员、电子竞技员、无人机驾驶员、农业经理人、工业机器人系统操作员等 13 个新职业信息。这些新职业并非新产生的，它们在现实中已经存在，并且从业人员达到了一定的数量规模，有比较清晰的职业内涵和工作要求。新职业的不断涌现，背后所反映的是我国经济、科技等日新月异的发展。

拓展阅读

2019 年 4 月新颁布的 13 个新职业

人工智能工程技术人员、物联网工程技术人员、大数据工程技术人员、云计算工程技术人员、数字化管理师、建筑信息模型技术员、电子竞技运营师、电子竞技员、无人机驾驶员、农业经理人、物联网安装调试员、工业机器人系统操作员、工业机器人系统运维员。

1. 产业结构的升级催生高端专业技术类新职业

我国经济已由高速增长阶段转向高质量发展阶段，这对劳动者的科学文化素质和能力水平提出新的要求。近几年，随着我国人工智能、物联网、大数据和云计算的广泛运用，与此相关的高新技术产业成为我国经济新的增长点，对从业人员的需求大幅增长，形成相对稳定的从业人群。人工智能工程技术人员、物联网工程技术人员、大数据工程技术人员和云计算工程技术人员 4 个专业技术类新职业应运而生。这些新职业需要较高的专业技术知识和能力作为支撑，对从业

人员要求较高。据统计，2020 年，中国人工智能核心产业规模达到 3 251 亿元，带动了约 6 000 亿元的其他产业增量，而中国人工智能人才需求的缺口每年接近百万人。

2. 科技提升引发传统职业的更替

科技的进步和生产力的提高不仅极大地丰富了人们的物质生活，也促进了社会需求结构的改变。不少过去的热门职业不能适应这种变化，处于即将被淘汰的境地。

随着新兴技术的采用，传统的第一、第二产业越来越智能化。工业机器人替代生产流水线上简单劳动力的做法在部分地区得到推广，与机器人相关的生产、服务和培训企业陆续出现。工业机器人的大量使用，对工业机器人系统操作员和系统运维员的需求剧增，使其成为现代工业生产一线的新兴职业。随着无人机技术的成熟，利用无人机完成一些人力难以完成的高、难、险和有毒、有害工作成为可能，人们通过无人机可以进行植保、测绘、摄影、高压线缆和农林巡视，无人机在物流等领域也拥有广阔的应用空间。无人机的大量使用，使无人机驾驶员成为名副其实的新兴职业。

3. 信息化的广泛应用衍生新职业

信息化如同催化剂，使传统职业的职业活动内容发生改变，从而衍生出新职业，如：数字化管理师、建筑信息模型技术员。随着物联网在办公、住宅等领域得到广泛应用，信息化与现代制造业深度结合，物联网安装调试从业人员需求量激增。近几年，在国际赛事的推

动下，电子竞技已成为巨大的新兴产业，电子竞技运营师和电子竞技员职业化势在必行。在农业领域，农民专业合作社等合作组织发展迅猛，对管理或服务农业生产、设备作业、产品加工与销售等的人员需求旺盛，农业经理人应运而生。

为了帮助人们更好地应对职业环境的变化，国家也在不断规范相关职业技能和行业企业的评价标准。一方面，学校要给学生提供与时代发展相匹配的在校教育，帮助其快速适应和掌握新知识、新技术、新技能；另一方面，我们在校期间除了要努力学习科学文化知识、提升职业技能之外，也要积极关注新职业的变化情况，了解新职业领域的人才需求，从而为自己的择业就业做好更充分的准备。

身边的故事

卖场陈列师

钟晓莹在校就读会计专业，因为母亲是一位服装缝纫师，她从小就对服装设计产生了浓厚的兴趣，在服装色彩、款式等方面表现出良好的设计天赋。

毕业之后，她进入深圳一家服装公司，任设计师助理。一次陪同事逛街的经历让钟晓莹觉得卖场陈列师这方面的专业人才还是相当稀缺，钟晓莹决定放弃做服装设计师的梦想，而去从事卖场陈列师这种新职业。于是钟晓莹来到一家服装店，说明了来意，并特地强调先免费服务半个月，如果有效果、店家满意了才收点低廉的指导费，对方一听先是免费服务，同意让她试一试。钟晓莹马上手脚麻利地将店面里的服装重新进行了调整，半个月后，店家主动提出为钟晓莹补发 1 500 元酬劳，并表示愿意继续聘请她做指导。时间久了，钟晓莹在深圳服装行业变得小有名气，陆陆续续有些服装公司慕名而来，请她上门指导如何摆放商品。后来，深圳一家著名服装公司欲公开招聘一名卖场陈列师，钟晓莹很快就从众多的应聘者中脱颖而出。

议一议

请想一想：我们所学专业对应的行业存在新老职业更替的情况吗？

____

____

这些带给我们的启发是什么？

____

____

我们应该采取怎样的应对措施？

____

____

二、初步了解企业

对于即将踏入社会的我们来说，就业意味着要进入某个企业或单位发挥自己的聪明才智，实现自己的人生梦想。因此，我们在求职的过程中，在综合衡量自己的专业、性格、价值观、兴趣、特长等因素的同时，还需要了解即将加入的企业的具体情况，如企业类型、企业规模、企业的注册地和经营地、企业的发展史、企业提供的产品或服务、企业的文化等，从而找到适合自己发挥才能的平台。

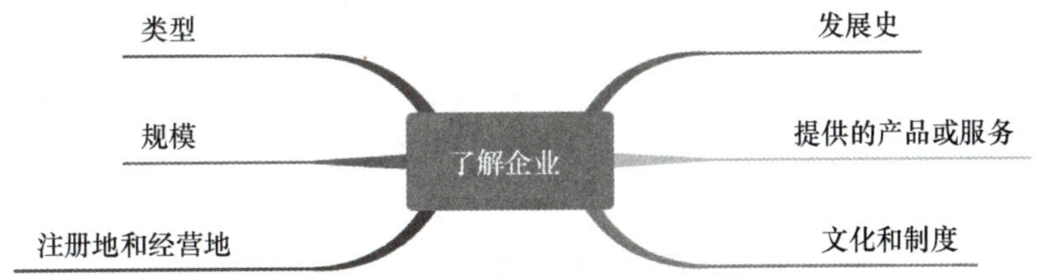

（一）了解企业的类型

按照投资主体的不同，企业有不同的类型，分为国有企业、私营企业、集体企业、合资企业、外资企业等。企业的类型决定了企业运作的战略模式、管理模式以及文化氛围等。比如，国有企业刚开始的时候可能待遇不是很高，但是制度相对比较完善，工作节奏比较稳定；民营企业工作竞争比较激烈，工作压力相对比较大，注重工作绩效，个人待遇和能力密切相关，文化氛围比较开放。

（二）了解企业的规模

企业规模一般分为特大型、大型、中型、小型、微型等。企业规模的大小决定了企业内部组织结构是简单还是复杂。对求职者而言，组织结构的简单或复杂，将影响自己在组织结构中所处的位置。

（三）了解企业注册地和经营地

企业的注册地与经营地不是一回事，注册地和经营地可以是同一个地方，也可以不是同一个地方。作为即将加入企业的员工，应该进行了解。因为，这个决定了你的工作地点。极其有可能在劳动合同的履行过程中，因经营活动的需要，企业变更你的工作地点。

（四）了解企业的发展史

关注企业的过去、现在和未来对自己的职业生涯很有帮助。一个成长轨迹较好的企业，或者已经稳定运行的企业，对员工个人的成长是有促进作用的。相反，刚成立的或运行不稳定的企业，将会给员工个人的职业生涯带来较大的风险，有时还可能会导致员工因企业倒闭而失去工作。企业的过去和现在比较容易了解，从产品的品牌、社会知名度、大众口碑等，都可以得到相应信息。企业的将来，需要员工结合已知信息预测和判断，知道得越清楚越好。

（五）了解企业提供的产品或服务

企业提供的产品或服务是企业的核心竞争力，也是企业能够获得利润的原因和赖以生存的根本。因此，了解企业的产品是自主研发还是模仿抄袭，提供的服务使顾客满意还是不再光顾等，十分有必要。一般来说，具备竞争优势的企业在市场竞争中更具生命力，在这样的企业中就业，职业发展会更顺畅些。

（六）了解企业的文化和制度

企业文化是企业的灵魂，是推动企业发展的不竭动力。它包含着非常丰富的内容，其核心是企业的精神和价值观。这里的价值观不是泛指企业管理中的各种文化现象，而是指企业或企业中的员工在从事经营活动中所秉持的价值观念。企业文化决定了企业提倡什么、反对什么。它是企业长期运行过程中慢慢形成的独有的一种行为习惯。另外，企业文化也会融入企业管理制度中。企业的规章制度有很多，准备求职的同学可以通过各种途径大概了解企业在劳动报酬、工作时间、休息休假、劳动安全卫生、保险福利、职工培训、劳动纪律等方面是如何依法做出规定的。这些都事关自己应享有的劳动权利，以及应承担的义务，有必要进行了解。

了解企业非常重要，选择适合自己的企业有助于个人今后的职业发展。请思考一个问题：当我选择第一份工作时，会在意企业哪些方面的情况？

三、岗位任职要求

旅行体验师

小吴今年26岁，毕业于一所技工院校，是一名旅行体验师，月薪过万元。旅行体验师的工作内容主要是到世界各地旅游，体验各种酒店。

这份工作听着非常惬意，且时间自由，但小吴却说："自由是相对的。"旅行体验师需要用自己的专业知识和经验，帮助客户找到景点及酒店的真正价值。自由职业同时也就意味着24小时"在线"。刚接触旅游行业的时候，小吴主要负责帮客户做出境旅游攻略、订机票等，之后逐渐有机会去参加一些体验活动，以优秀图文来换取免费旅行。小吴说："要想成为一名优秀的旅行体验师，光喜欢旅游是不够的，更重要的是要有开阔的视野，要具备良好的文字表达能力、美学鉴赏能力和计算机操作能力，能敏锐洞察生活点滴，看见平凡之美，感受别人所感受不到的东西，而且还要具备相应的组织策划能力。在新媒体的时

代，如何能够吸引人们的关注非常重要。所以这是一个看起来很自由、实际上非常有挑战性的职业。”

在现实生活中，每种职业对任职者都有相应的任职要求。任职要求主要是由各类职业所处行业、行业所处发展阶段、企业组织结构、工作内容及操作流程等因素决定的。岗位任职要求主要涵盖文化水平、工作经验或经历、技术业务水平等方面，具体包括以下内容。

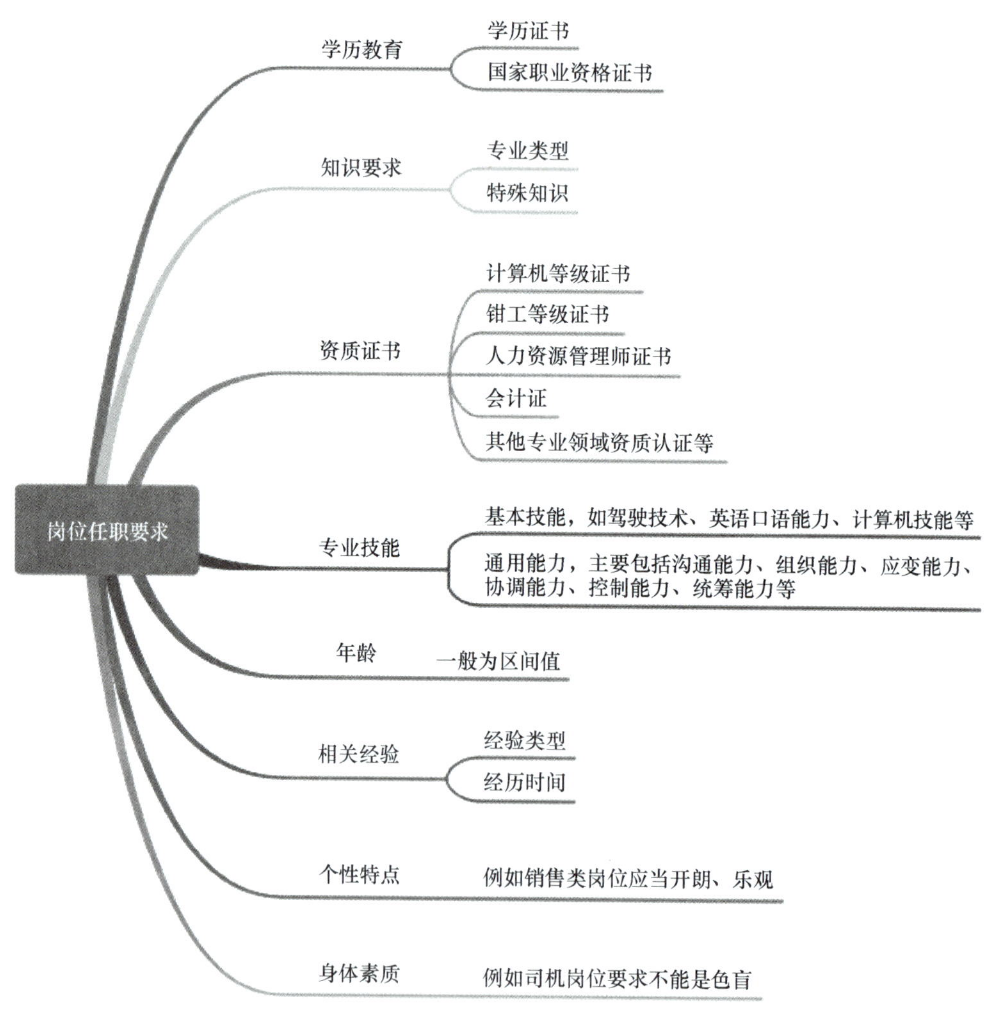

第一，任职于该岗位应具有的最低学历。例如，技工院校实行

“双证”毕业制度，毕业生在获取毕业证书的同时，必须考取以职业能力为基本要求的国家职业资格证书。

第二，任职于该岗位应具有的具体知识，一般包括专业知识及特殊知识两部分。以人事专员岗位为例，其知识要求应为：熟悉人力资源管理及相关专业知识，掌握劳动法等相关法律、法规。

第三，任职于该岗位应具有的专业、职业资格认证，如计算机等级证书、钳工等级证书、会计证书。

第四，任职于该岗位应具有的基本技能和通用能力。基本技能，如驾驶技术、英语口语能力、计算机操作技能等；通用能力主要包括沟通能力、组织能力、应变能力、协调能力、统筹能力等。

第五，任职于该岗位的年龄。一般为区间值。

第六，任职于该岗位之前，应具备的工作经验，一般包括经验类型及经历时间两部分。

第七，任职于该岗位应具有的性格特征，例如，销售类岗位应当开朗、乐观，管理类岗位则需要沉着、冷静。

第八，任职于该岗位应具备的身体素质要求。比如，司机岗位不能是色盲，矿井勘探员对体力强度的要求比较高。

管理规范的企业一般会对每个岗位进行分析，并编写出岗位说明书，以明确组织中各个岗位的定位、所属部门、工作内容、职责权限、工作关系、人员要求、晋升通道。

拓展阅读

岗位说明书范例：美工 / 设计

职位名称	美工 / 设计	所属部门	设计部	晋升职位	设计主管
职位概要	针对客户推广的产品特性、广告投放人群的特点，以及运营端提供的文案等，制作优质的创意素材				
岗位职责	1. 配合运营端调整广告开户审核资质文件 2. 了解媒体广告资源位、尺寸及广告面向的人群特点 3. 协助运营端制作客户广告素材，提升广告投放效果 4. 制作简单的移动端产品推广页面 5. 积极配合各部门完成制图方面的相关工作				
任职资格	1. 能熟练操作各类制图专业软件 2. 有网页图片设计工作经验者优先 3. 有文案写作或者文案策划工作经验者优先 4. 广告学、美术设计等相关专业者优先 5. 对互联网广告感兴趣并有一定的了解 6. 爱岗敬业，认真勤奋，并且有独特的设计理念者优先				
试用期考核标准	1. 工作配合度调查表 2. 绩效考核表 3. 综合业务测评（指定文案出图时间、每月出图数量）				
转正标准	以上 3 项有一项不合格者，不予转正				
任职人签名					

议一议

请根据自己的专业及心仪的岗位，查找一份岗位说明书，对照相关要求，看看自己还存在哪些不足，想一想可以从哪些方面进行提高，也为后面的简历撰写和面试奠定良好基础。

一个人的工作岗位不是一成不变的，如学数控专业的技工院校学生，毕业后可以从中级工起步，逐级晋升为高级工、技师、高级技师，成为班组长、车间主任、部门主管或经理。其职业生涯发展路径就由“技术路径”转为“管理路径”，身份变为管理人员。

我们应该树立终身学习的理念，活到老，学到老。要学好学校开设的各类课程，努力提高学习能力，养成良好学习习惯，既为首次就业做好充分准备，又为今后可持续发展夯实基础。要努力在职业实践中不断提升自身职业素养，在不同发展阶段做学习的有心人。每个人应该有个长远的“追梦”计划，做到“走一步，看两步，想三步”，目标明确地提高自身职业素养，使自己的职业生涯得以可持续发展。

实训任务

通过生涯人物访谈，完成工作世界调查表

一、任务描述

生涯人物访谈是通过与一定数量的职场人士（通常是自己感兴趣的职业的从业者）会谈而获取关于一个行业、职业和单位内部信息的一种职业探索活动。通过访谈，了解该职业岗位的实际工作情况，获取相关职业领域的信息，进而判断自己是否真的对该工作感兴趣，这实际上是一次间接、快速的职业体验。

二、任务实施

1. 团队构建。5~6位同学一个团队，在队长的带领下，结合团队成员的专业、兴趣、个性特点、工作价值观和已掌握的职业知识，列出未来可能从事的几个职业，然后寻找3位以上的在职人士作为生涯人物。

2. 访谈对象。生涯人物可以是自己的亲人、老师和朋友，或者是他们推荐的其他人，也可以借助校友会和优秀学长等资源寻找。生涯人物的职业应是自己所向往的。每个职业领域的生涯人物应既有初入职场的人士，也有有一定工作年限的中高层人士。正式访谈前，应对生涯人物的信息全面掌握，除姓名、职务和联系方式外，还应尽可能地搜集生涯人物的讲话、文章或者搜集在大众传媒和单位网页上可以获得的与之相关的信息。

3. 访谈内容。结合目标职业设计访谈问题，对生涯人物的访谈可以围绕以下要点进行：行业、单位名称、职业（职位）、工作的性质类型、工作内容、任职资格、所需技能、市场前景、行业相关信息、工作环境、工作强度、福利薪酬、工作感受、工作满意度等。

4. 访谈的问题设置（仅供参考）。

（1）在这个工作岗位上，你每天都做些什么？

（2）你是如何找到这份工作的？

（3）你是如何看待该工作将来的变化趋势的？

（4）你的工作是如何为实现组织的总体目标贡献力量的？

（5）你所在领域有“职业生涯发展通道”吗？

（6）该职业需要什么样的人？

（7）到该领域工作所需的基本前提是什么？

（8）就你的工作而言，你最喜欢什么？最不喜欢什么？

（9）该领域初级职位和中高级职位的薪水是多少？

（10）工作中采取行动和解决问题的自由度如何？

（11）该领域有发展机会吗？

（12）该工作的哪些内容让你最满意，哪些内容最有挑战性？

（13）什么样的个人品质或能力对在该工作领域取得成功是最重要的？

（14）你认为该工作领域潜在的不利因素是什么？你有什么应对措施？

（15）该工作需要哪些特殊的知识、技能和经验？

5. 完成工作世界调查表。

工作世界调查表

请根据生涯人物访谈情况，选择其中你最感兴趣的一种职业，尝试回答以下问题。
我访谈的职业名称：
它的主要工作内容是：
它的主要工作场所是：室内（　） 室外（　）
它的工作时间是：固定（　） 可自行调配（　） 需加班（　） 轮班（　）
起薪标准是：计时（　） 计件（　） 计薪方式是：月薪（　） 年薪（　）

续表

从业者所需的教育背景（专业及学历）是：
从业者所需具备的素质、能力主要有：
从业者所需的性格特质是：
从业者是否需要具备从业资格？如果需要，是：
从业者的收入水平：
从业者的工作稳定性：
进入该职业的门槛高低情况：
从业者的发展机会及主要职业发展路径是：
从业者的主要压力来源：
你所了解的与此职业有关的其他信息：

第二单元

求职技巧

天下难事，必作于易；天下大事，必作于细。

——《道德经》

面对一场又一场的招聘大战以及令人眼花缭乱的就业机会，同学们如何练就准确找寻就业信息的“火眼金睛”？如何结合自身的实际情况制作一份能给招聘人员留下深刻印象的简历？如何应对面试官的刁钻问题从而让自己脱颖而出？所有的这些问题，同学们都将在本单元中找到答案。希望大家通过本单元的学习，掌握各种切实有效的求职技巧，达到事半功倍的求职效果，最终找到自己理想的工作。

第一课 精准获取就业信息

学习目标

1. 通过自主学习，了解获取就业信息的方法和渠道。

2. 通过小组学习、案例分析、集体讨论等掌握就业信息的筛选和应用方法。

3. 通过小组学习、集体讨论、案例分析、自主学习等，学会合理甄别就业信息，谨防“求职陷阱”。

翻转课堂

本课导读

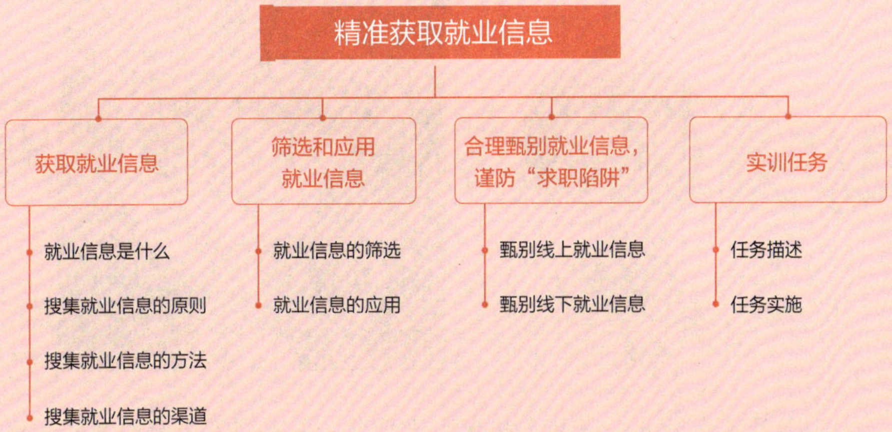

精准获取就业信息

- 获取就业信息
  - 就业信息是什么
  - 搜集就业信息的原则
  - 搜集就业信息的方法
  - 搜集就业信息的渠道
- 筛选和应用就业信息
  - 就业信息的筛选
  - 就业信息的应用
- 合理甄别就业信息，谨防“求职陷阱”
  - 甄别线上就业信息
  - 甄别线下就业信息
- 实训任务
  - 任务描述
  - 任务实施

多渠道掌握就业信息让你快人一步

就业信息对每一位谋求工作的毕业生来说都至关重要。就业决策的过程实质上是一个对就业信息进行搜集、处理的过程。在就业过程中，无论是职业目标的确定、求职计划的制订，还是决策方案的选择，都是以就业信息的搜集和处理为基础的。怎样搜集就业信息呢？我们先通过下面这个故事来了解一下。

在某技工院校毕业生宿舍，小赵在电脑前不停地查找各大招聘网站中的信息，他想根据自己的专业和兴趣选择就业岗位。而睡在他上铺的李明却胸有成竹，手中早就握着几个单位的就业意向书，李明虽然还在犹豫不决，但脸上有种灿烂的神情。

是什么让同一个专业、学业水平相当的他们在就业的重要关头面临不同的情况呢？经过深入了解可以发现，他们对就业信息掌握的情况不同。

小赵只是在常见的网站上搜索就业信息，李明则有更多的想法，他说：“我觉得自己能在求职中脱颖而出，主要是因为掌握了很多获取就业信息的渠道。我既会去学校就业指导中心了解就业信息，也会到不同的就业网站搜寻信息，还会去心仪的企业的网站上搜集招聘信息。我会尽可能多地搜集就业信息，搜集完后，又按照工作地域、薪资水平和专业要求等进行整理分类，在综合考虑自己的实际情况之后，把最适合自己的岗位放在首要考虑的位置，然后进行有针对性的准备。这样我就能赢在起跑线上。”

本课中，我们将尝试设计一则招聘启事，在完成这个活动之前，我们先回答以下问题：

1. 在互联网时代，我们能否快速、准确地搜集到就业信息？我们用什么办法或者通过什么渠道去搜集？

____

____

2. 如何判断我们搜集到的就业信息是真的？

____

____

3. 在搜集到的众多就业信息中，我们如何判断哪些信息是适合自己的？

____

____

4. 结合自己的求职目标，我们会利用哪些比较新颖的求职方式来展现自己的能力与优势？

____

____

一、获取就业信息

（一）就业信息是什么

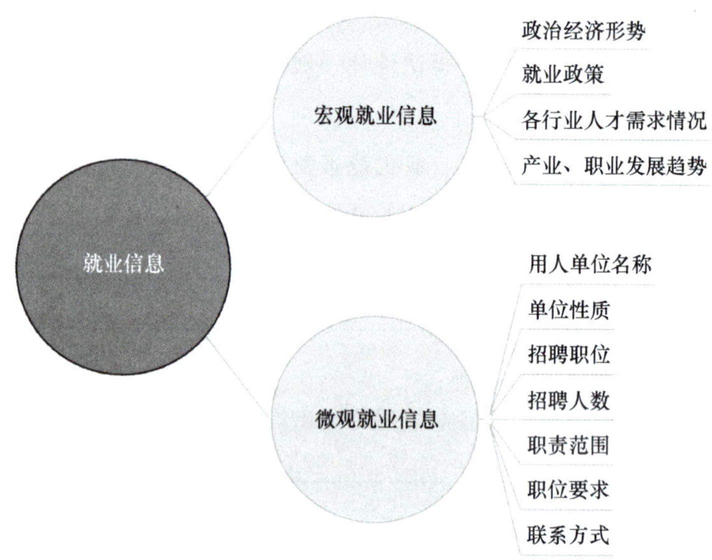

就业信息，包括宏观就业信息和微观就业信息。宏观就业信息是指毕业生就业时国家和地区总体的政治经济形势、就业政策，各行业人才需求情况，以及产业、职业发展趋势等相关信息。

微观就业信息是指具体的招聘信息。通常一份完整有效的招聘信息至少应当包括用人单位名称、单位性质、招聘职位和人数、职责范围、职位要求、联系方式等内容。这些都是最基本的信息，必须了解。除此之外，还应了解企业规模、组织结构、福利体系、企业文化等信息，做到“知己知彼，百战不殆”。

就业信息是毕业生求职的基础和起点，关系到求职的成败和就业质量的高低。在求职过程中，谁搜集的就业信息及时、全面、质量高，谁的视野就越开阔，求职的主动性、把握性就越强。因此，我们在开始求职之旅时，首要环节就是要关注就业信息，并逐步培养就业信息的搜集、整理加工、储存以及运用的能力，为成功求职做好充分的准备。

议一议

我们是否搜集过实习或招聘信息？看到一则招聘信息，我们通常会关注哪些内容？

（二）搜集就业信息的原则

为了保证搜集到高质量的就业信息，我们应遵循以下原则：

1. 准确性、真实性

这是搜集就业信息最基本的要求。就业信息搜集有误，不管问题出在哪个环节，都可能导致我们错失机会。更有甚者，个别“黑中介”用一些过时的或虚假的信息吸引毕业生，致使毕业生为此不停奔波。所以对搜集的信息，一定要仔细、认真地核查。

2. 计划性、条理性

要明确搜集就业信息的目的，明确自己所需就业信息的范围，做到有的放矢。

3. 全面性、系统性

将各种相关的就业信息积累起来，然后进行分析、加工、整理，形成一套能客观、系统地反映当前就业市场、就业政策和就业动向的有效就业信息，为择业提供可靠的依据。信息搜集的面越广，越能帮助自己做出科学的决策，而决策又关系着未来的前途，所以搜集信息时要尽可能利用一切能利用的方式，以获得最全面的信息。

4. 实用性、时效性

我们要充分认识自己，根据自己的专业、特长、能力和性格等搜集信息，避免搜集到范围过大或无法利用的无效信息。同时，我们也要关注就业信息的发布时间，用人单位的信息在不断更新，所以及时、迅速地掌握就业信息才能获得更多的机会。

（三）搜集就业信息的方法

1. 全方位搜集法

全方位搜集，即将与自己专业有关联的就业信息统统搜集起来，再按一定的标准进行整理和筛选，以备使用。这种方法获取的就业信息广泛，选择的余地大，但较浪费时间和精力。

2. 定方向搜集法

定方向搜集，即根据自己选定的职业方向和求职的行业范围来搜集相关的信息。这种方法以个人的专业方向、能力倾向和兴趣特长为依据，便于找到更适合自己特点、更能发挥自身作用的职业和单位。需要注意的是，当我们选定的职业方向和求职范围过于狭窄时，有可能大大地限制了我们的选择，给下一步的择业带来较大困难。所以使用这种方法时，选定正确的职业方向至关重要。

3. 定区域搜集法

定区域搜集，即根据自己对某个或某几个地区的偏好来搜集信息，而对职业方向和行业范围较少关注和选择。这是一种重地区、轻专业方向的信息搜集法。按这种方法搜集信息和选择职业，也可能由于“地区过热”（即有较多择业者奔向该地区）而造成择业困难。

（四）搜集就业信息的渠道

1. 学校就业指导机构

学校的就业指导机构会通过各类信息载体及时发布中央、省、市有关就业的政策与形势、法规信息、行业信息、用人信息、招聘活动信息。到校园招聘的企业通常会把用人信息发布在校内的就业网上，而且这类企业发布的信息针对性比较强。因此，应及时浏览校内的招聘信息。同时，学校的就业指导机构常常利用校友等社会资源，提供对口的就业信息给毕业生。

2. 企业招聘网页

很多企业都有自己的网站以及人才招聘网页。企业会在第一时间将招聘职位、人才需求数量等相关信息发布在网页上。毕业生可以通过此渠道获取相关招聘信息。此外，通过这种方式，毕业生还可以进一步了解企业的发展等相关情况。

3. 专业的求职网站

专业求职网站会发布大量招聘信息。网站上可能会有过时的信息或者虚假甚至是带有欺骗性的信息，毕业生一定要注意甄别和防范。

4. 人才招聘会

除了学校组织的人才招聘会外，还有当地人才交流服务中心等举办的招聘会，这些招聘会具有时间集中、地点相对固定、信息量大、双方能面对面接触等特点，是毕业生获取大量就业信息难得的机会。毕业生通过招聘会不仅可以直接收集许多不同类别的就业信息，而且能与用人单位直接沟通。

5. 社会关系网

利用各种社会关系获得就业信息是一种非常有效的方式。毕业生可以通过自己身边的亲人、师长、校友等社会关系，获取就业信息。毕业生拥有的资源有限，而长辈的社会阅历比较丰富，获取信息的渠道也很多，容易提供适合毕业生需求的信息。

6. 社会实践和毕业实习

毕业生到用人单位参加社会实践和实习活动，可以了解用人单位的内部文化、工作情况和工作要求，更重要的是可以获取单位的用人需求信息，这种信息具有全面性、准确性的特点。对于表现出色的实习生，用人单位一般会优先考虑录用。

7. 大众传媒

报纸、杂志等大众媒体是搜集就业信息的传统渠道。此类渠道的缺点是广告篇幅有限，无法深入了解招聘公司的背景及相关信息。报纸上有的招聘广告也存在虚假信息，涉世未深的毕业生尤其要注意。

综上所述，搜集就业信息有多种渠道，每种信息渠道各有特点，毕业生要熟悉、掌握，并加以灵活运用。

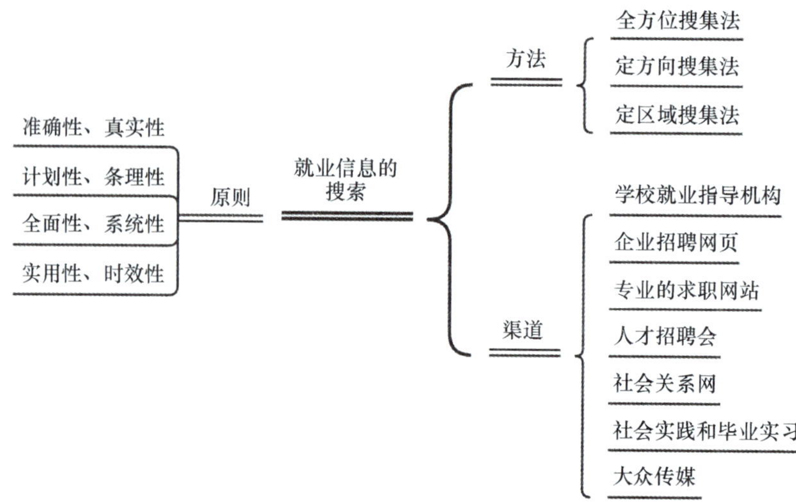

做一做

就自己所学专业涉及的职业岗位，灵活运用搜集就业信息的策略和方法，尽可能从不同渠道搜集本地区最近一周内的就业信息，然后填写下表。

就业信息汇总表

序号	招聘单位	岗位名称	招聘人数	招聘要求	信息来源

身边的故事

善于捕捉就业信息的小王同学

贵州某技工院校一开学便安排毕业班学生去外地实习两个月。正当班上其他同学整装待发之时，小王却不动声色地忙开了。他先找了班主任，拜托班主任如有合适单位请帮忙推荐，并留下两份自荐材料；然后，他又找到学校负责就业推荐工作的老师，请他们有重要信息及时告知自己。

接下来，他又走访了自己最要好的一位低年级朋友，拜托这位师弟定期到学校就业信息栏看看，将重要信息及时告知他；最后，他仔细查询了两个月内各地人才交流会的信息，并根据实际情况做了安排。做完了以上工作后，小王安安心心地前往外地实习去了。这样，小王尽管人在外地实习，却总比班上其他同学消息更灵通，不断接到用人单位的面试通知，选择的机会颇多。实习刚结束，小王的工作单位也顺利敲定。

分析

在毕业季，时常会有毕业生抱怨："有这么多用人单位的需求信息，学校怎么就及时通知别人而不及时通知我，太不公平了！那些捷足先登者肯定是有特殊关系，得到了特殊关照。"真是这样的吗？一般来说，所有院校都希望尽可能把自己的学生全部推荐出去，只要掌握了用人信息，都会想方设法通知到有关毕业生；而实际情况却是，毕业班同学由于各种原因联系起来很困难，往往要打很多电话还不一定能找到本人，结果常常是那些一呼即应或平时主动联系的同学抢占先机，而联系不上或回应不及时的同学，就会错过就业机会。上述案例中的小王显然在这个问题上处理得很好，虽然求职关键时期他在外地实习，但他能够主动与学校联系，使得信息渠道畅通无阻，赢得了时间和机会。因此，毕业生应主动与学校保持联系，利用各方面的资源多寻找机会。

二、筛选和应用就业信息

（一）就业信息的筛选

通过不同方式和不同渠道搜集到大量就业信息后，在辨析真伪、删掉无效或内容残缺不全的信息基础上，要根据自己的需求并结合自己专业和特长等实际情况设置一套标准，对就业信息进行进一步筛选，只有这样，才能使获得的就业信息准确、全面和有效，更好地为求职服务。筛选时，应注意以下四点。

第一，掌握重点、避免盲从。就业信息可以全面搜集，但在比较、筛选之后，应标明重点信息并注意留存，一般信息则仅作参考。获取信息以后，不能一味盲从，那种认为亲友告诉我们的信息一定可靠、报刊上传播的信息肯定没问题的想法是不可取的。

第二，深入了解、善于请教。对于重要的信息要顺藤摸瓜、寻根究底，务求透彻了解，不能一知半解。要全面掌握情况，全面了解信息的相关内容。当搜集到一些就业信息后，应当通过各种办法，例如找有关人士咨询等，深入了解相关信息。

第三，善于对比、分清主次。从不同的渠道搜集到的大量就业信息可能会显得杂乱无序，可用对比鉴别的方法，对这些信息按重要程度进行科学排序，确定其用处。首先要辨识真伪，剔除过时的、虚假的、用处不大的信息；其次是将与自己的专业及兴趣有关的信息提取出来。

第四，人职匹配、适合自己。一切信息都要进行对照衡量，看是否适合自己，要把握“适合自己的才是最好的”原则，这一点是筛选信息的核心。我们可以通过下列问题对自己进行客观分析：我的核心竞争力是什么？我具备哪些专业理论知识和技术能力？我的兴趣爱好是什么？我的性格特征适合从事哪些职业？这份职业是否可以挖掘和提升我的能力？什么是别人做不到而我做得到的？然后，我们结合自己的兴趣、爱好、能力等条件，判断自己是否能够适应和胜任该岗位，不好高骛远、人云亦云、迷失自我。

（二）就业信息的应用

在搜集、筛选就业信息的基础上，我们应充分利用那些可用信息。可从以下三个方面进行。

第一，及时应用有价值的就业信息。就业信息有很强的时效性，又为众多求职者所共有，因此就业信息一旦选定，就要及时主动与用人单位招聘人员联系，投递简历，不要犹豫不决。应主动询问面试的要求，并准备好一套完整的求职材料，使就业信息尽早变成供需双方深度沟通的重要桥梁。

第二，根据就业信息发现自己的不足。根据就业信息，我们可对照检查自己的不足，及时调整自己的期望值，完善知识结构，提升技能水平和综合素质。例如，发现自己哪方面知识不足时，要主动去学习；发现自己哪方面的技能欠缺时，要及时加强技能，以弥补自己的不足。

第三，共享就业信息。有些就业信息对自己不一定有用，可是对别人却十分有用，遇到这种情况，要及时输出对别人有用的信息。这样的话，不仅能帮助别人，让其顺利就业，也增加了与别人交流信息的机会，说不定我们也会从别人那里获得对自己有益的信息，帮别人就等于帮自己。

三、合理甄别就业信息，谨防“求职陷阱”

我们在充分搜集、筛选、应用就业信息的过程中，以及在整个求职过程中，还需要保障自身的安全，增强防范意识和维权意识。当发现自己的权益受损时，要及时向劳动监察部门举报或提起劳动仲裁，及时维护自己的合法权益；当遭遇“求职陷阱”或人身安全受到威胁时，要及时向公安部门报警。

（一）甄别线上就业信息

第一，警惕山寨网站。招聘网站鱼龙混杂，毕业生稍不注意就会误入那些山寨网站，要注意甄别山寨网站和虚假招聘网页，选择正

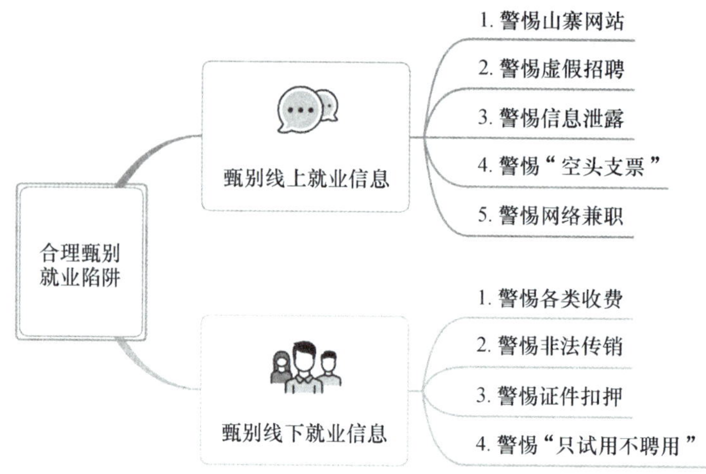

规、大型、知名的招聘网站。

第二，警惕虚假招聘和信息泄露。一些用人单位和中介机构在网上发布虚假招聘信息，收取求职者简历来套取其个人资料，依靠贩卖或冒用其信息获取不法利益。毕业生们要注意辨别招聘信息的真实性和有效性，全面详细了解岗位情况，谨防被骗。大家还应该定期管理个人求职信息，谨慎填写个人资料，且在找到工作后，将个人网上简历进行屏蔽或删除，保护个人信息。

第三，警惕“空头支票”。有些公司会到各类招聘网站广泛搜集求职者资料，以高职高薪加以诱惑，或者用一些无效的口头承诺去拉拢求职者，求职者一旦入职，会被安排到销售、客服等与自己专业无关的岗位。因此，缺乏社会经验的毕业生们一定要保持警惕，不轻信高职高薪承诺，要尽可能多地了解招聘单位信息，对一些随意承诺各种待遇的单位敬而远之。

第四，警惕网络兼职。对于网络兼职，要持十分谨慎的态度。不少兼职工作在正式开始前，会以测试兼职者是否熟悉流程等名义，让兼职者下载各种 App、关注某公众号，工作流程特别烦琐，甚至需要兼职者付费下载各种 App，提供个人信息，跟兼职者了解到的兼职内容和收益差别甚远。最后，兼职者付出的代价可能比领取的兼职工资都要高得多。

（二）甄别线下就业信息

第一，警惕各类收费。应聘工作本身并不需要费用，有些单位需要入职体检，毕业生可自行前往医院体检，正规单位不会用代收体检费等任何理由收取费用。某些培训机构“挂羊头卖狗肉”，以高薪就业为诱饵，向毕业生承诺培训后包就业，但需支付高额培训费，这种机构也多是不正规的。

第二，警惕非法传销。有些传销组织通过散布虚假求职信息，以“高薪”为诱饵，以“无须面试直接上岗”为噱头，诱骗毕业生进行非法传销活动。世上没有免费的午餐，毕业生要抵制诱惑，树立勤劳致富、拒绝传销的防范意识。同时，也要警惕被亲人或身边的同学等熟人以好工作、高薪资的名义诱骗至传销窝点。

第三，警惕证件扣押。一些用人单位或中介机构借审核资料或办理社会保险、申办工资卡等名义，扣押毕业生身份证、毕业证、学位证等个人证件原件，另作他用。实际上，任何单位和个人都没有权利扣留他人证件的原件，毕业生在求职应聘过程中，不要轻易将证件原件交付他人，如有需要，仅向有关人员出示即可。

第四，警惕“只试用不聘用”。这是最让人难以防备的职场骗局。试用期工资福利相对较低，一些用人单位便通过增加实习期、见习期等方式想方设法延长试用时间，在试用期结束后便以各种理由辞退求职者。事实上，我国劳动合同法规定，劳动合同期限三个月以上不满一年的，试用期不得超过一个月；劳动合同期限一年以上不满三年的，试用期不得超过二个月；三年以上固定期限和无固定期限的劳动合同，试用期不得超过六个月。此外，劳动者在试用期的工资不得低于本单位相同岗位最低档工资或者劳动合同约定工资的百分之八十，并不得低于用人单位所在地的最低工资标准。同时，毕业生应当提前了解一些常见的劳动合同陷阱。签订合同时，注意审读合同期限、工作内容、劳动报酬、休假休息等重要条款，看看条款内容的表达是否准确完整，是否含有不公平不合理的附加条款，防止因一时大意签订了不平等合同。

身边的故事

遇到求职陷阱的周可

浙江某技校毕业生周可在网上搜寻适合自己的岗位，一则月薪 5 000 元的设计师助理的招聘启事吸引了他的注意：“设计师助理，不限学历，不限专业。岗位要求：满 18 周岁，对 IT 行业感兴趣，想要从事 IT 行业；具备较强的逻辑思维能力，有良好的沟通能力，有团队合作精神；面试通过，直接上岗，无须经验，有专人指导，通过实习期考核即可上岗。福利待遇：签订劳动合同，公司为员工购买五险一金，员工享受国家规定的保险福利待遇；周末双休，一周 5 天，每天 8 小时工作时间，不加班，享受国家法定节假日；定期举行生日会、户外活动等丰富活动；有良好的晋升机制，广阔的晋升空间。”

上班一个月，刚拿到第一笔工资，公司领导就找到周可，问他想不想接受更加系统化的设计培训，但培训费不便宜，要 1 万元，不过只要参加培训并且顺利毕业，就能安排他去宁波市内的企事业单位高薪就业。该领导知道周可没钱，还帮他办了贷款。周可经过培训后，公司为他“安排工作”了，就是给了一堆电话号码，让周可自己去其他公司应聘。这时周可意识到自己上当受骗了。

分析

月薪 5 000 元的工作，周可没过多久就丢了，还额外背上了 1 万元的贷款，这就是“培训贷”陷阱。这家所谓的“设计公司”在周可拿到一个月工资放松警惕的时候，想方设法攻陷周可心理防线，使其怀疑自身能力，顺势“建议”培训，还“好心”帮助他解决没钱的问题。天上不会掉馅饼，广大毕业生不能轻信这类谎言。

实训任务

设计一则招聘启事

一、任务描述

现在假设你是某企业的人力资源部主管，目前要招聘一名 ×× 岗位（×× 岗位由你确定，要求与你的专业相匹配）的工作人员，请设计一则招聘启事。

二、任务实施

1. 提前通过上网查找信息、进行企业实际调查、访谈相关人员等方式了解自己专业所对应的职业范围及相关具体岗位对求职者的要求。

2. 5~6 人一小组，描述岗位要求，并用简洁的文字记下来（下表“×× 企业招聘启事”仅做参考，内容多可附页）。

3. 各组选派一名代表就本组的岗位要求进行陈述。

4. 教师对每组的陈述进行提炼，分析总结出最重要的关键词。

×× 企业招聘启事

<table>
<tr><td>单位基本情况</td><td colspan="3"></td></tr>
<tr><td>单位名称</td><td colspan="3"></td></tr>
<tr><td>单位性质</td><td colspan="3">□私营　□国有　□独资　□合资</td></tr>
<tr><td>公司规模</td><td colspan="3">□ 10 人及以下　□ 10~50 人（含 50 人）　□ 50~100 人（含 100 人）　□ 100 人及以上</td></tr>
<tr><td>联系人</td><td></td><td>联系电话</td><td></td></tr>
<tr><td>手机</td><td></td><td>传真</td><td></td></tr>
<tr><td>单位网址</td><td></td><td>E-mail</td><td></td></tr>
<tr><td>单位地址</td><td colspan="3"></td></tr>
</table>

续表

需求信息						
序号	岗位	人数	岗位职责	任职要求	相关待遇	其他

招聘启事评分表

序号	评价项目	评分标准	得分
1	该招聘启事的要素是否齐全	优：16~20 分 良：11~15 分 中：6~10 分 差：0~5 分	
2	该招聘启事的内容是否具体	优：16~20 分 良：11~15 分 中：6~10 分 差：0~5 分	
3	该招聘启事中的岗位职责是否清晰	优：16~20 分 良：11~15 分 中：6~10 分 差：0~5 分	
4	该招聘启事中的任职要求是否清晰	优：16~20 分 良：11~15 分 中：6~10 分 差：0~5 分	
5	该招聘启事中各项内容与招聘的岗位是否对应	优：16~20 分 良：11~15 分 中：6~10 分 差：0~5 分	
总分			

第二课　掌握简历制作技巧

学习目标

1. 通过自主学习，了解简历的构成要素和类型。

2. 通过小组学习、案例分析、集体讨论和简历撰写等活动，掌握个人简历的制作技巧。

3. 通过小组学习、集体讨论和自主学习等方法，熟悉投递简历的窍门。

翻转课堂

本课导读

掌握简历制作技巧

- 熟悉简历的结构和类型
  - 简历的基本构成
  - 简历的类型
- 掌握简历制作技巧
  - 开篇突出求职意向
  - 基本信息填写完整
  - 用实例或数据说话，避免空洞
  - 保证简历的真实性
  - 简历一定要“量身定做”
  - 提炼语言，详略得当
  - 投递简历前注意美化与检查
- 投递简历的技巧
  - 有的放矢投递
  - 按时投递
  - 电子邮件中的“主题”必填
  - 附件命名呼应“主题”
  - 实名发送邮件
  - 勿发送超大文件
- 实训任务
  - 任务描述
  - 任务实施

汪娜求职记

汪娜是一所技工院校旅游专业的应届毕业生，马上要毕业了，为了尽快落实就业单位，她经常带着自己的简历到各类人才交流会上去找工作，但每次都是无果而归。有的单位觉得她的专业不对口，有的虽然觉得她专业对口了，但看了她的简历之后，觉得她刚刚毕业，没有工作经验。由于找工作屡屡受到打击，她也对自己失去了信心。学校就业指导老师了解到她的情况后，针对她的实际情况提出了相应的对策：先在学校校企合作单位进行顶岗实习，积累一定的工作经验；将相关的工作经验进行总结提炼，制作一份能充分展现自己个性的简历；树立就业信心以及正确的就业观念，做好充分的就业准备。在学校的推荐下，汪娜最终顺利进入一家旅行社开始了3个月的实习锻炼，积累了一定的导游经验，在毕业的时候顺利与一家大型旅游公司签订了劳动合同，成功就业。

简历是求职的敲门砖。本课中，我们将尝试制作一份个人简历，在完成这个活动之前，我们先回答以下问题。

1. 我们是否有工作经验？如果有，这些工作经验能体现我们的何种品质？如果没有，我们该如何撰写自己的简历？

____

____

2. 我们即将从技工院校毕业，现在看到一家用人单位的招聘信息，想去应聘，我们该如何撰写简历，证明自己可以胜任这份工作？

3. 我们所知道的投递简历的渠道有哪些？

4. 我们会选择哪种渠道投递自己的简历？为什么？

一、熟悉简历的结构和类型

（一）简历的基本构成

简历是对个人学习、工作、成绩、特长、爱好及其他有关情况所做的简明扼要的书面介绍，是一种有针对性的关于自我介绍的规范化、逻辑化的书面表达。简历是个人学习生活的简短集锦，也是职场竞争的名片。简历作为重要的求职材料，目的是让招聘方用最短的时间具体地了解求职者，帮助求职者获得笔试或面试的机会。一份完整的简历通常包括以下内容。

1. 个人基本情况

个人基本情况包括姓名、性别、出生日期、民族、籍贯、政治面貌、联系方式等，这部分内容一般写在简历的最前面，目的是让招聘人员拿到简历时，知道这份简历介绍的是谁，怎样可以联系到该求职者。因此，个人基本情况中最重要的内容是姓名与联系方式。毕业生应确保联系方式准确，以免招聘人员联系不上自己。

2. 求职意向

求职意向应开门见山，用一句话说明——我希望从事 ×× 工作。如有两个以上的职位招聘，那么可以写两个求职意向，而且这两个求职意向最好都与自己专业相关，否则会给招聘人员造成自己求职目标飘忽不定的印象。另外，明确求职意向有利于求职成功。一方面，可以围绕求职意向重点撰写与其相匹配的工作经历、个人技能和兴趣爱好等，做到重点突出、主次分明；另一方面，可以让招聘人员一目了然，知道求职者想从事哪方面的工作。

3. 教育背景

这部分一般先列出最高学历，然后从高到低回溯，教育背景要写明就读的学校（培训机构）及专业情况。对于技工院校毕业生来说，要重点突出自己掌握的职业技能。

4. 工作或实习经历

工作或实习经历是简历中的重要内容，因为工作或实习经历能够体现与职位要求相关的技能。对于毕业生来说，要重点写明自己短期的雇用型工作、实习、勤工俭学、志愿者服务、社团、社区服务等经历。例如，参加社会实践及实习的时间、地点和效果，参加勤工助学的经历和效果等。填写工作或实习经历时要注意的是，与职位相关的信息要重点呈现，与职位无关的根据实际情况适当呈现，因为招聘人员需要浏览大量的简历，更喜欢重点突出的简历。

5. 所获荣誉

所获荣誉有三好学生、优秀团员、优秀学生干部等，荣誉最好与招聘单位所要求的技能相关。若荣誉较多，可挑级别较高的进行介绍；若荣誉较少，可不单列，根据实际情况在教育背景、工作或实习经历中表述。对技工院校毕业生来说，要重点突出自己参加各级各类职业技能大赛的情况。

6. 相关技能

常规技能一般指计算机操作技能、语言技能、沟通技能等。专业技能一般指从事某一职业的专业能力。获得技能等级证书是专业能力较强的表现。相关技能的描述应实事求是，不夸大也不能含糊不清。

7. 其他个人信息

其他个人信息主要指特长、兴趣爱好等。特长和兴趣爱好不是简历中的必写信息，如果招聘启事中表明需要在某方面有特长的求职者，那么就要强调自己所具有的与应聘岗位相关的特长和兴趣爱好。

8. 自我评价

自我评价亦不是简历中必写的信息。在写自我评价时，可结合应聘岗位的特点，用一句话来总结自身素质。

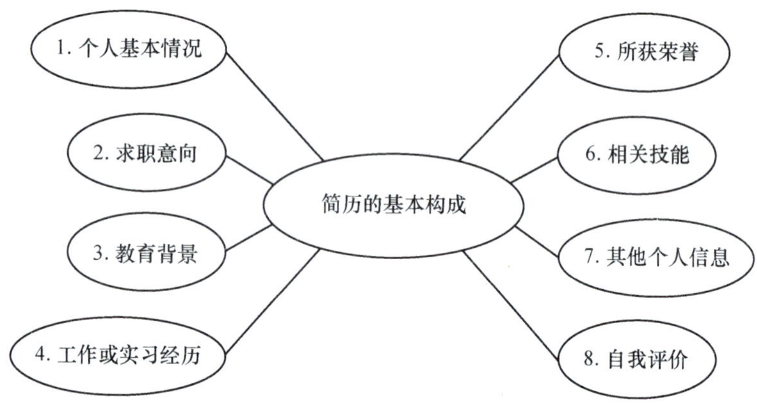

普通简历与优秀简历的对比

内容	普通简历	优秀简历
标题	“简历”或“个人简历”	有自己的名字、应聘职位等
相片	过于个性化	大方、正式
个人信息	极为全面	简单，几行就交代清楚最主要的信息，包括姓名、地址、联系电话、E-mail 等

续表

内容	普通简历	优秀简历
求职目标	大部分无	有
教育背景	罗列很多课程名称	写明毕业院校、所学专业、获得的技能证书等情况，重点突出自己掌握的技能
工作经验	没有主次之分，也没有提炼出工作经验对应聘岗位的支撑意义	有主次之分，提炼出工作经验对应聘岗位的支撑意义
获奖情况	以罗列为主，没有归纳，没有分析	除了描述以外，还对奖项进行归纳和分析，重点突出自己参加职业技能大赛等重要竞赛获奖的情况
个人特长	罗列较多，没有突出自己的独特之处，不太擅长的也写上了	选择性很强，不会随便写，特长够一定水准了才写上去
性格爱好	描述具体，篇幅多	选择性地描述
页数	两页或更多，最后一页只有一半	整页，通常是一页
精确度	较低	较高
纸张	纸质较差，不统一，五颜六色	较厚重的白色纸张
文字	不规范，大小、字体不统一	规范，大小、字体统一
排版	很差，不讲究	一丝不苟，十分讲究
打印	喷墨打印	激光打印
文字风格	平铺直叙，大段描述	言简意赅，重点突出

（二）简历的类型

从简历的内容来看，主要分为以下三种类型。

1. 时序型简历

这是最常见、最直接的个人简历类型，即从最近的经历开始，逆着时间顺序逐条列举工作实习经历、教育经历等个人信息。这种简历清晰、简洁，便于招聘人员阅读。一份按时间顺序排列的简历应包括求职意向、经历和学历等部分。对毕业生来说，时序型简历一般适用于以下情况：

（1）自己的教育背景和实习实践经历非常符合岗位要求，自己拥有扎实的职业技能；

（2）有参加各级各类职业技能大赛的经历，有在公司实习的经历；

（3）实习实践经历具有连续性，且能很好地反映出相关工作技能在不断提高。

2. 功能型简历

功能型简历又称技术型简历，其核心内容是工作技能与专长。功能型简历一般包括求职意向、成绩、能力、工作经历和学历等几部分。功能型简历一般适用于以下情况：

（1）需要跨专业求职，并且具备申请职位所需要的相关技能和素质；

（2）想综合各种经历和教育背景，以展示招聘岗位所要求的能力素养；

（3）缺乏职业技能大赛成绩或著名公司实习的经历或荣誉奖励。

功能型简历对专业技能有较高的要求，最大的不足是容易使招聘人员怀疑毕业生在扬长避短。

3. 复合型简历

复合型简历是时序型简历和功能型简历的综合运用。其主要内容一般按照这样的方式呈现：在开头处写明求职目标之后，列明个人的基本情况；接着根据所应聘职位要求写明自己具备的技能、资质和潜力等，同时突出自己的成绩与优势；之后，按照从现在到过去的时间顺序，列明自己的实习单位、从事的工作岗位、工作内容、取得的业绩等内容。复合型简历能直接体现毕业生的求职目的，它一般适用于以下情况：

（1）曾取得过较好的成绩；

（2）既想突出成绩与能力，又想突出个人经历。

复合型简历的主要优点是：既可按照时间顺序列明自己的实习经历、项目经历等，显得脉络清晰，又能把自身所具备的优势、能力与所应聘职位的主要要求匹配起来，让招聘人员印象深刻。

二、掌握简历制作技巧

（一）开篇突出求职意向

很多初入职场的毕业生在应聘的时候并不会明确地表明自己的求职意向，认为只要能被录取就行，什么岗位都可以，其实这样的想法大错特错。一方面，如果我们不明确自己的求职意向，那么就需要招聘人员帮我们安排职位，一般工作繁忙的招聘人员是没有时间去思考求职者适合什么岗位的，所以为了节省时间，他们会倾向于选择求职意向明确的人；另一方面，表明自己的求职意向，实际上是在向招聘人员表明自己能够胜任这份工作，自己与目标职位的需求是相符合的。所以在写简历的时候，开篇就要尽量将自己的求职意向写出来。

招聘人员：你的求职意向不明确，我该安排你去做什么？

另外，忌向一个单位申请多职。向一个单位同时申请多个职位，并不能表明我们的能力过人，相反，用人单位会认为我们非常盲目，没有自己的目标，缺乏主见。

（二）基本信息填写完整

无论我们的专业和申请职位是什么，这些信息都应出现在简历上：姓名、性别、出生年月、籍贯、婚姻状况、教育背景（包括学历程度和所学专业）、语言能力、计算机技能掌握程度、申请职位和事业发展方向等。这好比登台亮相，一出场就给人留下完整的印象，同时也表明我们的态度认真。

（三）用实例或数据说话，避免空洞

在简历中插入实例或数据可让简历更具体，有效地避免空洞，并起到量化自己成果的作用。比如，可以把实习评语附在简历之后，以进一步证明我们的实力。总之，要动动脑筋，结合自己的实际情况，找出最能证明我们能力的真实例证。

（四）保证简历的真实性

诚信是做人的根本，是最基本的道德准则，也是用人单位和求职者应共同遵守的准则。在简历中，不要妄图增加并不存在的荣誉，也不要虚构我们的社会实践活动。一旦用人单位做背景调查时发现我们在撒谎，那我们将与工作失之交臂。

（五）简历一定要“量身定做”

应聘不同职位，简历中应突出不同特长，强调不同技能。所以，在投递简历之前，对简历进行适当修改便成了必要环节。

韩伟的简历

韩伟是某技工院校市场营销专业的毕业生，刚刚接到了一家电子商务公司的面试电话，他应聘的岗位是市场策划，这可是他梦寐以求的岗位。兴奋之余，韩伟忘了一件重要的事，那就是对简历进行修改。他那份简历上有网络编辑、市场调查专员、销售等多项实习经验，韩伟以为接到面试电话后就不用再考虑简历的事情，就直接拿着原有的简历去参加面试了。招聘人员拿着简历询问他："你的实习经历很多，这些经历对我们这个职位有什么帮助呢？"韩伟一听慌了，一下子不知从何说起，支支吾吾，没有回答好这个问题，最终与理想的职位失之交臂。

分析

韩伟没有好好梳理过往经历，使招聘人员感觉他不善于分析、总结，不了解自己和岗位。所以，毕业生应根据目标岗位和公司的情况，在面试前对简历进行润色，以公司的需求为导向，突出有用的经历和技能。润色简历，这不仅是对简历内容的一种提升，还会帮助我们在面试前梳理清楚思路，做好面试准备。

（六）提炼语言，详略得当

简历不必太长，一般写满一页 A4 纸就够了。简历上的内容应是高度浓缩的，精练的语言可以让简历包含更多信息。这就要求毕业生尽量不要使用长句，不要使用修辞手法，用最通俗易懂的文字制作简历。在制作简历时，可以先做加法，再做减法：先把能加入的内容全部放入，这时候的简历可能有 4~5 页；然后再根据所应聘的职位做减法，留下适合特定职位的内容，形成 1 页的篇幅。注意，要突出与应聘职位要求高度相关的内容，并把其放在较为显眼的地方，以给人留下深刻的印象，同时告诉别人，我是一个了解自己和应聘职位的人。

（七）投递简历前注意美化与检查

投递简历前，要调整格式，使简历看上去清晰、美观，就像给它穿上了件漂亮、整洁、得体的衣服一样。招聘人员看简历的时间非常短暂，所以简历给招聘人员的第一印象就非常重要。在美化简历时，如果是彩色简历，颜色不要超过 3 种，可以图文并茂，但不要让人眼花缭乱。同时，要检查用词和拼写，避免出现错误。招聘人员一般很严谨，一份用心制作的简历会让其愿意仔细阅读，而满篇错别字、标点符号使用不规范的简历只会让招聘人员摇头。

身边的故事

小朱的简历

小朱是某技工院校动漫专业应届毕业生，他希望找一份与专业相关的工作。面对竞争激烈的求职市场，他认为纸质简历无法生动地展示自己的实践经验和作品，于是他在平板电脑中存储了一份包含个人简介和一些获奖作品的多媒体简历，以便于用平板电脑现场展示自己的专业能力。在校园大型招聘会上，他用这种方式应聘了 5 家公司，那些企业招聘人员觉得这样

的方式很新颖、很直观，纷纷称赞他的这个创意，也有意向与他签订劳动合同。

来自营销专业的学生小戴开了多年的网店，并开展了形式多样的网络宣传活动，他把这些经历用视频记录下来，让企业招聘人员对他的销售经历一目了然。

小马独辟蹊径，在个人多媒体简历中附上了自己的性格测评结果和职业规划书，又把自己平时写的文章收集起来做成PPT，让自己的性格、特长和志趣可以清晰地呈现在招聘人员面前。

分析

简历最重要的目的是能在短时间内抓住企业招聘人员的“眼球”，让他们对求职者产生兴趣。小朱等人能够结合应聘企业的实际情况，用形式新颖的求职简历充分展现自己对企业的理解，因而获得了招聘人员的青睐。而对于企业来说，如何判断和衡量求职者的软实力一直是困扰企业招聘人员的难题。虽然许多企业都非常看重求职者在性格、人际交往等方面的软实力，但是不少求职者却找不到合适的方法展现自己的软实力。针对一些特定的工作岗位，采取独特新颖的简历制作方式就是一种不错的选择。

议一议

假如你现在是某公司的招聘人员，需要招聘一名产品推广员，现在收到两份简历，两人的实习经历分别描述如下。

求职者A

曾做过新产品的市场测试和推广工作，主要工作内容如下：

1. 调查意向用户，策划产品测评活动；
2. 制定产品线上推广方案；
3. 分析活动及推广效果，做出数据分析报告；
4. 优化推广方案。

求职者 B

曾做过新产品的市场测试和推广工作，主要工作内容如下：

1. 调查意向用户，策划产品测评活动。活动合作渠道为某 App，活动带来 ×× 万人次点击量，×× 人次申请试用产品，共收到 ×× 份反馈报告，为产品的改进提供了有力的指导。这个活动除了提供 ×× 产品外，没有投入任何资金（活动链接：http://www.×××.com）。

2. 策划产品线上推广方案。如以“×××”为主题的线上促销活动，3 天内带来成交用户 ×× 名，累计为公司带来利润 ×× 万元。

3. 寻找并督促第三方完成产品发布、论坛发帖，在 ×× 等 20 多家主要媒体发布产品新闻；在 ×× 贴吧、×× 论坛等 ×× 家大型贴吧、论坛发布产品软文，初步完成产品信息的网络覆盖。

由于时间关系，你只能面试其中一人，该选择哪位求职者？为什么？

三、投递简历的技巧

当写完个人简历后，下一步就是投递简历，这个小小的操作在求职过程中也充满了学问。

（一）有的放矢投递

毕业生应认真查验招聘信息的真实性和有效性，仔细浏览招聘单位简介、招聘职位介绍、招聘信息发布时间和有效期等，必要时还可登录招聘单位的主页了解更多信息，在详细了解招聘职位的信息后再根据自己的实际情况投递简历。

（二）按时投递

网络招聘会的举办周期通常为一周或一个月不等，招聘单位在招聘启事中也会对投递简历的时间有明确的要求，毕业生应按要求及时进行投递，并且能早投尽量早投。

（三）电子邮件中的“主题”必填

电子邮件中的“主题”不能空白，须写上自己的姓名以及应聘职位。对于技工院校毕业生来说，可以根据自己的情况加上 ×× 技能大赛所获荣誉及最早到岗时间，也可写下有针对性的附言，说明我们符合岗位的哪些要求。一家公司招聘，往往不只招一个岗位，庞大的信息量需要招聘人员仔细筛选求职者的求职意向。如果在邮件主题中呈现关键信息，能让招聘人员更省力，也有利于在初次筛选中被招聘人员相中。

（四）附件命名呼应“主题”

很多毕业生会忽略自己所上传的简历文件和作品文件的命名方式，其实这个命名方式也是很重要的。一般来说，招聘人员会将所有简历下载到电脑中进行筛选，如果你没有将自己的简历进行合理命名，那你的简历很容易被忽略掉。此外，简历最好转化成 PDF 格式，因为 WPS、Word 有不同版本，要避免版本不兼容打开后的显示混乱问题。有作品集的毕业生，也要给作品集合理命名，同时，在作品显示页上加水印，以保护自己的劳动成果。

（五）实名发送邮件

发邮件一定要用真实姓名，忌用网络名字。

（六）勿发送超大文件

有的毕业生觉得自己作品很多（如设计作品、视频作品等），于是将作品打包成一个超大文件上传到邮箱发给招聘人员，而招聘人员往往没有时间去下载超大文件。因此，毕业生在选择作品时也要做取舍，对于实在太大的文件建议上传到网盘或者视频平台，然后将作品链接发送给招聘人员。

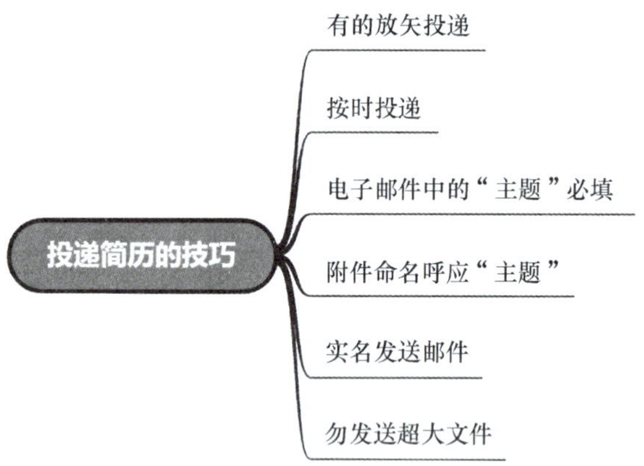

制作人生第一份简历

一、任务描述

分组讨论，通过多种渠道建立招聘岗位信息库，比比谁搜集的信息多，谁的信息分类清楚。每位同学结合自身情况分析自己的优势及劣势，尤其是根据搜集出的目标企业及相关岗位的要求，有针对性地提炼自己的竞争力，制作一份个人简历。

二、任务实施

1. 5~6 人为一小组，通过网络等多种渠道搜集招聘信息。

2. 选择其中一则招聘信息，分析岗位职责范围及要求等，小组内每位成员结合自身情况分析自己的优势及劣势，制作一份简历（下表仅做参考，可根据具体情况做相应修改）。

3. 小组内讨论，并帮组内成员修改其个人简历。

4. 教师选择几份典型简历，进行点评、总结。

个人简历

<table>
<tr><td>姓名</td><td></td><td>性别</td><td></td><td rowspan="4">照片</td></tr>
<tr><td>民族</td><td></td><td>籍贯</td><td></td></tr>
<tr><td>学历</td><td></td><td>出生日期</td><td></td></tr>
<tr><td>专业</td><td></td><td>健康状况</td><td></td></tr>
<tr><td>求职意向</td><td colspan="4"></td></tr>
</table>

续表

毕业院校		联系地址	
联系电话		邮箱	
个人技能			
社会实践			
个人荣誉			
兴趣爱好			
自我评价			

简历评分表

序号	组成部分	评价指标	分值	得分
1	相片	是否大方、得体、正式	1~10 分	
2	个人信息	是否完整、准确	1~10 分	
3	求职目标	是否明确、针对性强	1~10 分	
4	教育背景	是否介绍清楚，是否针对岗位列出了关键课程	1~10 分	
5	工作经验	是否针对求职岗位列举相关实习或兼职经历	1~10 分	
6	获奖情况	是否强调奖项级别，用奖项突出自己的优势	1~10 分	

续表

序号	组成部分	评价指标	分值	得分
7	个人技能	是否与求职岗位相关，是否突出相关技能，如专业知识技能、自我管理技能、可迁移技能等	1~10 分	
8	性格、爱好、特长	是否能针对岗位要求，通过介绍个人性格、爱好、特长来补充说明自己在某些素质、能力上较强	1~10 分	
9	文字	是否言简意赅，无错别字	1~10 分	
10	排版	是否美观、大方	1~10 分	
总分				

第三课　熟知面试通关法宝

学习目标

1. 通过自主学习，初步了解常见的面试类型及内容。
2. 通过小组学习、案例分析、集体讨论等活动，掌握基本的面试技巧及礼仪。
3. 通过模拟面试，灵活运用面试技巧，提升自我求职竞争力。

翻转课堂

本课导读

熟知面试通关法宝

- 面试及其内容
  - 什么是面试
  - 面试的内容
- 面试的类型
  - 根据面试标准化程度分类
  - 根据面试对象分类
  - 根据面试进程分类
  - 根据面试风格分类
  - 根据面试内容设计分类
  - 根据面试途径分类
  - 根据面试作用分类
- 做好面试准备
  - 明确面试前的三要素
  - 充分了解应聘单位及岗位
  - 了解面试着装
  - 准备自我介绍
  - 准备好面试所需物品
  - 准备一些常见面试问题的应答
  - 准备一些高质量的问题
  - 面试的心理准备
- 面试技巧及礼仪
  - 面试技巧
  - 面试礼仪
- 实训任务
  - 任务描述
  - 任务实施

陈越面试记

陈越是某技师学院工商管理专业的应届毕业生，他是一个对自己有着清楚认知的人。他知道自己并不是最优秀的，但他认为自己身上有很多别人没有的优点。他有坚强的意志和执着的精神，只要是自己认定了的事，就会去竭力争取。

陈越在学校组织的大型招聘会上看中了一家公司。投递简历后，他就站在公司招聘摊位附近观察，看看给这家公司投简历的都有些什么人，做到知己知彼，百战百胜。

根据陈越观察，一个下午，该公司收到的简历不下百份。他心里想，自己只有不到百分之一的机会，不能就这样被动地等着他们打电话过来通知面试。第二天一大早，他就按照招聘材料上的电话打了过去，接电话的是个年轻女孩。他告诉对方他是昨天招聘会上投简历的学生，想知道什么时候会有结果，公司接电话的女孩记下了他的名字和联系电话，告诉他静候消息，公司会在 3 天之内发出面试通知。第三天，陈越果然被通知参加面试。到了公司后，他发现一共有 10 个人被选中参加这次面试。当被问及期待的薪酬时，其他人都给出了具体数字，而陈越是这样回答的："我觉得自己目前还没有谈薪酬的条件，自己的实际工作能力也还没有得到展现。所以，先根据公司相关规定执行。"当他说这些话时，他注意到面试人员不时点头赞许。临走时，面试人员告知大家，负责招聘的领导出差了，领导将会根据面试记录及简历确定入围人员。

3 天过去了，陈越没有等到第二轮面试通知，虽然心里千般猜测，但还是果断打电话咨询，很巧的是接电话的还是上次那个年轻女孩，在陈越自报家门后，女孩主动说先帮他去人事部了解一下情况。中午时分，陈越接到公司通知并于当天下午去参加了第二轮面试。面试结束后，人事主管对参加第二轮面试的人员说："你们 4 个都去体检吧，体检结果出来后再说。"

参加体检后，一直没有下文，陈越依旧不死心，思考再三，又第三次给公司打了电话。公司回复，他们正在商量，等决定后再打电话通知他。第二天，公司打电话过来让他下周一过去上班。陈越在公司正式上班一个多月后，在公司的一次聚会中，才知道3次待选的名单中都没有他，但正因为陈越主动打的3个电话给了他机会。人事主管对他说："小陈，你很主动，尽管你不是面试中最优秀的学生，但公司看中的就是你的这种主动态度，公司欢迎积极努力的人。是你为自己赢得了这个工作机会，好好干吧。"

陈越这次面试的成功，跟他的积极主动有着必然的联系。如果求职者只是一味地等待，就会错过很多机会。一个好的招聘岗位通常会有很多人竞争，招聘方会收到很多份简历，而很多毕业生的简历比较雷同，很难让招聘方有一个比较深的印象。在这个时候，获取面试机会是走向成功的第一步。在适当的时候主动联系招聘单位，积极主动去争取机会，可能就会成功。本课中，我们将尝试组织一次模拟面试，在开展这个活动之前，我们先回答以下问题。

1. 作为一名毕业生，在投递简历后，我们还能如何进一步争取面试机会呢？

____

____

2. 除了主动性，我们还应掌握哪些面试技巧呢？

____

____

3. 对照案例，请思考：自己还有哪些需要提升的地方？

____

____

4. 如有需要提升的地方，请制订适合自己的改进计划。

____

____

一、面试及其内容

（一）什么是面试

面试是面试官通过面对面的问答和交流对应聘者进行能力素质评价的活动。用人单位为了更好地了解应聘者的职业素质和岗位适应力，采用精心设计的一系列问答或活动进行招聘。面试官以交流与观察为主要手段与应聘者进行交流，这种交流与一般性的谈话是不一样的，主要有以下几点区别。

首先，面试中面试官居于主动地位，应聘者相对被动，而一般谈话中双方的地位是平等的。

其次，面试中大多数问题是预先设计好的，谈话的主题虽然可以预设，但谈话的内容可以多样化，随机性也强。

最后，面试的主要目的就是甄选人员，而谈话的目的有多种，谈话的过程也更强调双方情感的沟通。

有的招聘单位在招聘开始阶段就用面试初步剔除不合格的应聘者；有的在招聘阶段后期，用面试确定最后要录用的人员，比如销售公司招聘业务员，在笔试等各种测评结束后，用面试优中选优，确定最后的人选；有的除了在招聘初期进行第一轮面试外，还会在招聘过程中进行第二轮、第三轮面试。

（二）面试的内容

虽然从理论上讲，面试可以测评应聘者很多种素质，但由于应聘者的选拔除面试外还有许多有效的方法，比如笔试、试用等，而且每种方法都有其长处和短处，招聘者为了提高甄选的准确性，往往综合运用多种方法。所以单就面试而言，招聘者并不想面面俱到，而是有侧重地了解其最关心的内容，详见下表。

面试测评主要内容

仪表风度	这里指应聘者的外貌、气色、衣着、举止、精神状态等。仪表端庄、衣着整洁、举止文明的人，一般做事有规律，注意自我约束，责任心强

续表

专业知识	作为对笔试的补充，招聘者通过面试进一步了解应聘者掌握专业知识的深度和广度。面试时，招聘者对应聘者专业知识的考查更具有灵活性，比如可以随机提问，也可以要求应聘者现场解决某个技术问题等
工作技能	面试不但可以验证应聘者在个人简历中对工作技能的描述是否属实，而且可以考查应聘者的责任心、主动性、思维力、口头表达能力等工作能力
表达能力	面试中，应聘者是否能够将自己的思想、观点、意见和建议顺畅地用语言表达出来，可以让招聘者看到其表达的逻辑性、准确性、感染力如何
应变能力	主要看应聘者对招聘者所提问题的理解是否准确，回答是否迅速、贴切；对于意外事情的处理是否得当、妥善等
人际交往能力	在面试中，招聘者通过询问应聘者经常参与哪些社团活动、喜欢同什么类型的人打交道、在各种社交场合常扮演的角色是什么，可以了解应聘者的人际交往倾向和与人相处的技巧
自我控制能力	自我控制能力对于一些从事特定工作的人（如服务人员、营销人员）尤为重要
工作态度	招聘者往往要了解两点：一是了解应聘者对过去学习、工作的态度；二是了解他对所应聘岗位的态度。一般认为，对过去无所谓的人，在新的工作岗位是很难勤勤恳恳、认真负责的
求职动机	了解应聘者为何希望来本单位工作，对哪类工作最感兴趣，在工作中追求什么，从而判断本单位能否满足其要求和期望，更重要的是就此了解应聘者对应聘岗位的渴望度和潜在的工作热忱
兴趣爱好	招聘者往往会询问应聘者休闲时间爱好哪些运动，喜欢阅读哪些书籍，以及喜欢什么样的电视节目，有什么样的爱好等。了解一个人的兴趣与爱好，会对以后的工作安排有好处
行为习惯	招聘者通常会非常注意应聘者的行为方式，特别是细小的行为。因为下意识的行为可以真实地反映一个人的性格特征、道德修养等

此外，面试时招聘者还会向应聘者介绍本单位的基本情况、拟聘岗位的情况与要求，回答应聘者主动问到的一些其他问题。

二、面试的类型

随着时代的发展，面试的类型日趋丰富，常见的面试类型有以下几种。

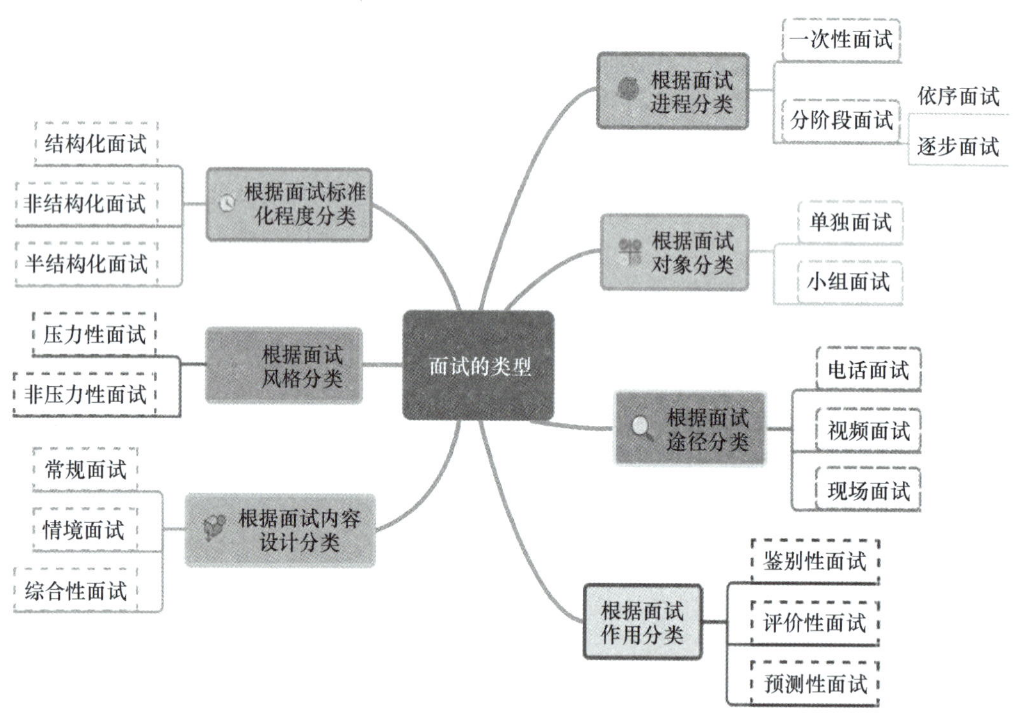

（一）根据面试标准化程度分类

1. 结构化面试

结构化面试是指对面试的内容、形式、程序、评分标准及结果的合成与分析等构成要素，按统一制定的标准和要求进行的面试，如公务员面试及一些银行、国企统一组织的面试。这是一种根据特定职位的胜任特征要求，按照固定的程序，采用专门的题库、评价标准和评价方法，通过考官与求职者面对面的言语交流等方式，评价求职者是否符合招聘岗位要求的人才测评方法。

2. 非结构化面试

非结构化面试是指对与面试有关的因素不做过多限定的面试，如聊天式的面试。

3. 半结构化面试

半结构化面试是指在预先设计好的试题（结构化面试）基础上，面试中主考官向求职者又提出一些随机性的问题。半结构化面试是介于非结构化面试和结构化面试之间的一种形式。

（二）根据面试对象分类

1. 单独面试

单独面试又称个人面试，是主考官与求职者单独谈话的面试，也是面试中最常见的一种形式。单独面试又分两种情况：一是只有一个主考官负责整个面试的过程，这种面试大多在规模较小的单位录用较低职位人员时采用；二是由多位主考官参加整个面试过程，但每次均只与一位求职者交谈，公务员选拔面试大多属于这种形式。个人面试的优点是能够提供面对面的机会，让面试双方较深入地交流。

2. 小组面试

小组面试又称集体面试，是多位求职者同时面对主考官的面试，如无领导小组讨论，主要用于考核求职者的人际沟通能力、洞察与把

握环境的能力、组织领导能力等。在集体面试中，通常要求求职者做小组讨论，相互协作解决某一问题，或者让求职者轮流扮演领导者主持会议、发表演说等。

（三）根据面试进程分类

1. 一次性面试

在一次性面试中，主考官团队通常由用人单位人事部门负责人、业务部门负责人及人事测评专家组成。在一次性面试情况下，求职者是否能面试过关，甚至是否被最终录用，就取决于这一次面试的表现。面对这类面试，求职者必须集中所长，认真准备，全力以赴。

2. 分阶段面试

分阶段面试分为两种类型，一种叫“依序面试”，一种叫“逐步面试”。

依序面试一般分为初试、复试与综合评定三步。初试一般由用人单位的人事部门主持，将明显不合格者予以淘汰。初试合格者则进入复试，复试一般由用人部门主管主持，以考查求职者的专业知识和业务技能为主，衡量求职者是否合适。复试结束后，再由人事部门会同用人部门综合评定每位求职者的成绩，确定最终合格人选。

逐步面试一般是由用人单位的主管领导、处（科）长以及一般工作人员组成面试小组，按照小组成员职位级别由低到高的顺序，依次对求职者进行面试、淘汰。面试的内容依职位级别各有侧重，基层一般以考查专业知识为主，中层以考查能力为主，高层则进行综合考查与最终把关。求职者应对各级面试时，要做到心中有数，力争在每轮面试中均留下好印象。在面对基层人员时，不可轻视、麻痹大意；在面对高层领导时，也不必过度紧张。

（四）根据面试风格分类

1. 压力性面试

压力性面试时，考官将求职者置于一种人为的紧张气氛中，让求职者接受诸如挑衅性的、刁难性的刺激，以考查其应变能力、承压能力、情绪稳定性等。这种面试的目的是鉴别出那些对压力敏感且具有较强承压能力的求职者。在面试中，主考官会问一些较直接甚至很尖锐的问题，使求职者感到不舒服，如求职者换过好几次工作，那么主考官会问求职者是否认为一个人经常换工作表明这个人不负责任、不成熟，这时就对求职者形成了考验——如果求职者合理解释自己为什么要换工作，那么对求职者的提问就可以继续进行；如果求职者一下子变得很生气，那么就表明这个人承压能力有限。对技工院校毕业生来说，某些特殊的岗位需要从业人员能顶得住压力、沉得住气，这种类型的面试就能让主考官找到合适的求职者。

2. 非压力性面试

非压力性面试，就是主考官在没有故意制造压力的情况下考查求职者相关素质的面试。

（五）根据面试内容设计分类

1. 常规面试

常规面试就是日常见到的主考官和求职者面对面以问答形式为主的面试。主考官处于主动的位置，求职者一般是被动应答的姿态。主考官根据求职者对问题的回答，以及求职者的仪表仪态、身体语言、情绪反应等，对求职者的综合素质状况做出评价。

2. 情境面试

无领导小组讨论

无领导小组讨论是情境面试的一种，是主考官经常使用的一种面试形式。主考官将一定数目的应聘者组成一组（6~9 人），让他们进行 15~30 分钟的与工作有关问题的讨论，讨论过程中主考官不指定谁是领导，也不指定应聘者应坐的位置，让应聘者自行安排组织。主考官在旁边观察应聘者的组织协调能力、口头表达能力等各方面的能力和素质是否达到拟任岗位的要求。我们以一道“裁员选择题”进行案例分享。

该裁掉谁呢?

假设你是一个长期项目的负责人，现在单位资源紧张，要从 4 个团队成员中裁掉一个人，你会选择谁?

A. 工作能力强，脾气暴躁，经常和同事吵架、闹矛盾。

B. 工作踏实，但拖拉。在项目中人缘好，保持较高威信。

C. 名校毕业生，聪明而且骄傲。工作能力谈不上好，但有较大潜力。

D. 工作能力强，且手里有资源。

本题营造了单位裁员的虚拟情境，为单项选择题，是无领导小组讨论的常见题型，目的是考查应聘者观察分析项目资源和实际需求的能力、沟通协调能力等。

情境面试是主考官设置工作中的典型情境，让求职者在特定情境中扮演某个角色，完成某项任务，从而考查其工作能力的一种面试方法。在情境面试中还可以加入辩论、演讲、讨论等形式，从而使求职者更为全面地展示自己。在这种面试形式下，面试的具体方法灵活多样，面试的模拟性、逼真性强，求职者的才华能得到更充分、更全面地展现，主考官对求职者的素质也能做出更全面、更深入、更准确的评价。在情境面试中，求职者应落落大方，自然地进入情境，去除不安和焦灼的心理，只有这样，才能正常发挥。

3. 综合性面试

综合性面试兼有前两种面试的特点，而且是结构化的。

（六）根据面试途径分类

1. 电话面试

不需直接面对面而是以电话交流为途径的面试。

2. 视频面试

通过视频聊天的方式对求职者面试。

3. 现场面试

主考官与求职者面对面交流沟通。

（七）根据面试作用分类

1. 鉴别性面试

依据面试结果把求职者按相关素质水平进行区分的面试。

2. 评价性面试

对求职者的素质做出客观评价的面试。

3. 预测性面试

对求职者的发展潜力和未来成就等方面进行预测的面试。

三、做好面试准备

（一）明确面试前的三要素

明确面试前的三要素：时间、地点、联系人。一般情况下，招聘单位会采用电话通知的方式告知这三要素。参加面试时绝不能迟到，应预留足够的时间应对突发情况，最好提前 15 分钟赶到面试地点。若不是太远，最好在面试前去一趟用人单位，向服务台询问一些基本问题，熟悉用人单位氛围，观察员工的打扮及作风等，这将对增强面试时的信心大有帮助。

另外，也要提前了解面试的形式、有几轮面试等情况，根据不同面试类型做相应的准备。

（二）充分了解应聘单位及岗位

面试前要充分了解应聘单位和应聘岗位的情况，做到“知己知彼，百战不殆”。需要了解的基本情况包括但不限于企业发展历程、企业新闻、企业文化、产品信息、市场占有率、组织架构、管理层介绍等，这些信息都可以从网络上获得。在了解的基础上，理解并认同应聘单位的企业文化和了解应聘单位的产品尤为重要，如果能在面试时对应聘单位的产品如数家珍，要比不停地向主考官强调“我真的好喜欢你们公司，好希望能加入！”要有用得多。

同时，求职者还应全面了解应聘岗位的相关信息（岗位职责、岗位要求、薪资福利等）。有时候面试失败，并非求职者不够优秀，可能是主考官觉得求职者的能力和经历与应聘岗位不匹配，因此求职者要仔细研究岗位要求，思考自己是否符合这些要求。求职者了解得越清楚，面试的成功率就会越高。

身边的故事

面试不顺利的李娜

李娜是江西省某技工院校市场营销专业的毕业生，打算应聘市场助理岗位，但她根本不了解这个岗位，只是因为不想做销售，不想成天跑客户，感觉助理的工作不会太难就投了简历。面试时，主考官问：“你认为身为助理应该发挥什么作用，或者说你在这个岗位上能做什么？”李娜一听就蒙了，硬着头皮说了几句招聘广告上看到的岗位职责，主考官再追问，她就支支吾吾，完全答不上来了，结果就被婉拒了。

分析

求职就像打猎，首先要精准锁定“猎物”，明确目标岗位，搞清楚自己的职业定位。在面对面的考查中，主考官会细致考查我们的经历、技能和中长期职业规划是否与岗位匹配，如果我们对目标岗位的性质、工作内容和未来发展方向都模糊不清，主考官的一两个问题就能让我们“原形毕露”，暴露出我们其实是“有枣没枣，先打一竿子”的心态。这样的话，主考官又怎么会把机会给我们呢？

（三）了解面试着装

面试时，合乎自身形象的着装会给人以干净利落、有专业精神的印象，男生应显得大方、干练，女生应显得庄重、得体。值得注意的是，随着社会的发展和行业的变迁，着装方面也要根据应聘企业、应聘行业的具体情况进行具体分析，如果你所要面试的公司氛围比较轻松，那就没必要穿套装；如果你所面试的岗位是技能操作类岗位，那你可以穿工作服。这也是毕业生需要提前了解应聘单位的原因之一。下面主要介绍职业着装及仪表规范。

1. 男士篇

（1）西装。正式的西装可以显示出男士笔挺的身姿。要注意西装颜色的选择：体瘦的人可选择米色、鼠灰色等暖色调的西装，以显得较为强壮；体胖的人可穿深蓝色、深灰色、深咖啡色的西装，可选择双排四粒扣西装，以掩饰微挺的肚子。

（2）衬衫。如果说最保守的西装颜色是深色，那么最保守的衬衫颜色则是白色。衬衫领子不要太大，领口、袖口不要太宽，以刚好可以扣上并略有空隙为宜。面试时一般多穿长袖衬衫，衬衫袖子应比西装袖子长出 1 厘米左右。

（3）领带。领带应以深色为主，忌刺目的颜色。一般领带长度应是领带尖盖住皮带扣的长度。尽量不要使用领带夹。领带宽度要接近西服翻领的宽度。

（4）皮鞋。注意让你的鞋面保持锃亮，鞋跟要结实，破旧的鞋跟会使人显得萎靡，鞋带一定要干净且系紧，松开或未系的鞋带会给你带来不安全感，甚至可能将你绊倒。

（5）袜子。袜子的颜色应当和西服相配，可选蓝、黑、深灰或深棕色，不要穿颜色鲜亮或花格子的袜子。袜子要够长，使你在坐下时不致过多露出皮肤。袜子要有足够的弹性，从而不至于滑落。

（6）头发和胡须。求职时要保持头发整洁，不要给人油光发亮、湿淋淋的感觉。发型以简单、朴素、稳重、大方为宜。胡须应刮干净。

（7）小饰物。简单的公文包是最佳选择，当然别忘了要把必备的简历等资料装进去。一个小巧的钱包不易使口袋鼓起变形，不要把各种信用卡、家庭生活照等都塞在里面。夸张的项链、装饰别针、手镯、耳环等都是男性求职者面试时十分忌讳的。

2. 女士篇

（1）套装。剪裁合适、简单大方的套装，更能体现求职者的庄重感与专业性。应避免无袖、露背等装束，以免给人浮躁的感觉。套装颜色要避免夸张、刺眼。若穿裙装，裙子应至少盖住大腿的三分之二。

（2）鞋子。尽量不要穿露出脚趾的凉鞋。

（3）配饰。配饰要少，不宜佩戴造型过于夸张、会叮当作响的饰品；拇指戒指一般不易被人接受；耳环应当小巧且不引人注目；朴实无华的项链比较好；手镯一般可以被人接受，而脚镯一

般不被接受。

（4）妆容和指甲。女士可以稍稍化一下妆，这样会使自己看起来更精神，但不要化浓妆，以自然素雅的妆容为宜。应修剪好指甲，保持指甲清洁，不涂艳丽的指甲油。

（5）头发。应保证头发整洁。如果是长发，可以专门设计一个看起来富有职业感的发型。

（6）细节。只带一个手提包或公文包，尽量把化妆品、笔和零碎的小东西有条理地收拾好。袜子不能有脱丝，袜色最好是肉色的。为保险起见，还可在包里放一双备用袜，以免脱丝时能及时更换。若喷香水，香味宜淡，闻上去要给人以舒适的感觉。

做一做

1. 小组学习任务：对“了解面试着装”这一部分内容进行总结，并能结合本专业特点完成以下 4 个主题的 PPT 制作，下一节课每组派一位代表上台演示，并进行组间评比。

（1）主题 1：面试着装礼仪（男士篇）。

（2）主题 2：面试着装礼仪（女士篇）。

（3）主题 3：仪容礼仪。

（4）主题 4：举止礼仪。

2. 评价标准

（1）他评标准。根据学习小组的演示，其他小组对该小组进行整体评价，组间评价得分占学生个人成绩的 60%。评价标准见下表：

他评表

序号	评价项目	评分标准	得分
1	主题内容（30 分）	课件内容符合任务要求，主题明确，内容充实，没有常识硬伤	

续表

序号	评价项目	评分标准	得分
2	课件版面（30 分）	图文并茂，生动形象 字号大小合适，方便观众观看 重难点突出，方便观众阅读	
3	表达能力（40 分）	进行课堂演示时精神面貌佳，声音洪亮，仪态大方	

（2）各位同学根据自己的课堂表现进行自评，得分占学生个人总成绩的 40%。评价标准见下表：

自评表

序号	评价项目	评分标准	得分
1	本人在整个课堂活动中的表现是否积极主动	优：16~20 分 良：11~15 分 中：6~10 分 差：0~5 分	
2	本人在团队中是否服从安排	优：16~20 分 良：11~15 分 中：6~10 分 差：0~5 分	
3	与其他成员相比，本人在团队中的任务分量	任务重：16~20 分 任务较重：11~15 分 任务较轻：6~10 分 没有或很少承担任务：0~5 分	
4	本人对所分配的任务的完成度	优：16~20 分 良：11~15 分 中：6~10 分 差：0~5 分	
5	本人是否已熟知面试前的礼仪	优：16~20 分 良：11~15 分 中：6~10 分 差：0~5 分	

成绩计算方法：

他评成绩：________ ×60%。

自评成绩：________ ×40%。

总成绩：他评成绩________ + 自评成绩________ = ________。

（3）教师评价标准。教师对学生表现进行评价，并选出“最佳组长”，评选标准见下表：

“最佳组长”评选规则

序号	评价项目	评分标准	得分
1	团队精神（30分）	能凝聚团队力量，有一定的组织能力	
2	创新精神（30分）	所表达的观点合情合理，有一定的创新性	
3	表达能力（40分）	在课堂中有较为精彩的发言，声音洪亮，仪态大方	

（四）准备自我介绍

一般来说，求职者在面试时，主考官都会让其做简单的自我介绍。面试时的自我介绍，其实是主考官在考查求职者的语言表达能力和逻辑思维能力，在了解求职者是否有能力胜任工作，以及是否有良好的态度，同时也在进一步核对求职者简历上的信息是否准确，而不是在听求职者枯燥地重复简历的内容；此外，也顺便让整个面试的氛围轻松一下。因此，自我介绍非常重要。

自我介绍要简练，不要重复简历内容。大多数的开场白是：我叫××，毕业于××学校，专业是××。其他个人信息可根据情况简单带过。如果求职者有足够多的实习经验，也可详细说明。对于技工院校毕业生来说，如果实习经验不足，还可以说自己在校期间所取得的成绩和所掌握的技能，比如在技能大赛中曾经获得过什么奖项，与应聘岗位相关的职业技能有什么。另外，还可介绍自己的特长及兴趣爱好。总之，自我介绍就是一个关于自己与岗位匹配度的简要总结。

拓展阅读

李飞飞的一分钟自我介绍

各位主考官好！

我叫李飞飞，就读于 ×× 省技师学院幼儿教育高技班，今年 19 岁，即将毕业，感谢贵公司给我这次宝贵的面试机会。我的职业理想是做一名美术老师，在校期间我选择的专业方向就是美术，我喜欢参观各种有关美术的展览，擅长素描、国画、手工等。我曾获得过 ×× 市举办的“风韵杯”现场绘画比赛一等奖、创意海报比赛二等奖等。今天我也把我的一些获奖作品和日常练习作品带过来了，恳请各位老师能给予一些建议，谢谢！

（得到主考官同意后，李飞飞将自己的作品分发给各位主考官，并回到座位，等待主考官的下一步提问。）

（五）准备好面试所需物品

准备好简历（多打印几份）、成绩单、各种证书，以及自己做过的设计作品（可做成二维码，附于简历之中）、撰写过的项目报告等材料，并将其平整地放在一个文件夹或牛皮纸信封里。一般来说，求职者携带一些能证明自己能力的书面材料，不仅可以说明求职者是一个准备很充分的人，还可以让主考官直接判断求职者和应聘岗位的匹配程度。

准备签字笔和记录本，以备面试时记录重点问题。准备手表，除了防止面试迟到外，还可以帮助求职者在面试时把控时间。准备面巾纸和水，有些面试地点可能比较远，一路奔波过去，面巾纸和水可以帮助求职者重塑良好形象。

（六）准备一些常见面试问题的应答

一般来说，主考官在面试中的各种提问，都不会偏离求职者的个人信息和岗位要求这两大方面。因此，毕业生可以根据简历内容和招聘岗位要求预测面试问题，比如，“你为什么觉得自己适合这个岗位？”“你的职业规划是什么？”这些都是面试中常见的问题，求职者可以准备好相应的回答要点。值得注意的是，千万不要死记硬背，面试问题没有所谓的“标准答案”。同一个面试问题并非只有一个答案，而且同一个答案并不是在任何面试场合都有效，要根据具体情况进行把握。

另外，去对英语水平要求比较高的公司面试，求职者最好准备一段英文的自我介绍，并多推敲句型和用词。

身边的故事一

张丽的面试表现

河南某技工院校毕业生张丽应聘总经理助理，面试已经进行到最后一轮。总经理问：“你最有成就感的一件事是什么？”她感觉这个问题问到了自己最擅长的方面，于是侃侃而谈，说了很多，从技工院校的经历谈起，一直谈到前两份实习的优秀成绩，却忘了与应聘岗位的要求相结合。不久，张丽接到招聘人员的邮件：“张丽小姐，你表现不错，但是另一位竞争者更适合这个工作，而我们的岗位只招一人。衷心希望未来有机会再合作。”快要到手的工作就这么没了，张丽感到非常意外。

分析

如何突出自己的优势？大部分求职者都会谈成绩，但怎么谈才能出彩？关键是与岗位要求结合着谈。在面试中，我们要结合岗位要求，有条理、有重点地将个人的优势表达出来。

身边的故事二

王秀秀的面试表现

湖北某技工院校毕业生王秀秀去一家时尚杂志社面试美编，在设计方面王秀秀有不错的功底。面试时，主编问她："你认为你的不足是什么？"王秀秀思索了半天，不能说自己性格急躁，也不能说个性太强，于是就回答说："因为以前接触的是 ×× 行业，对时尚行业没有了解。"没想到这为她面试失败埋下了伏笔。两天后，她接到一份简短的电邮："您的综合素质不错，但不太适合我们杂志社，我们目前没有太多的时间和精力来培养新人。"

分析

人无完人，美玉也难免有瑕疵。但不必担心，这完全不会影响我们的面试，处理得好还能成为"加分项"。在主考官面前谈自己的不足，具有一定的挑战性。诚实非常重要，单位需要诚实的员工，那么我们可以坦率地说明自己的弱项，但同时针对弱项要有改进和提高措施，将劣势转变为优势。比如，可以说："以前自己在 ×× 方面做得不够好，但从中得到了一些经验和教训，已在有意识地提升自己，因此以后在这些方面会做得不错。"

（七）准备一些高质量的问题

一般来说，在面试结束前，主考官往往会问："你还有什么问题要问我？"其实这是求职者了解公司的重要机会，可以表忠心、表决心，展现自己的优势。但是很多求职者尤其是技工院校毕业生往往没有提前准备，只问了一些很随意的问题，白白浪费了这个机会，或者干脆说没有问题。如果求职者能提前准备好一些有技术含量的，特别是能证明自己对应聘公司所在行业有深度了解的问题，就可以为自己加分。

（八）面试的心理准备

首先，切忌苛求完美；其次，保持平常心；最后，时刻保持自信心。保持积极的心态，挖掘自己潜在的力量，不要把主考官和其他求职者都想象成自己的敌人，而要把主考官想象成自己的领导，把其他求职者想象成自己的同事，这样就会获得一种轻松的心理状态，能够更好地发挥自己的水平。

身边的故事

周娜的面试表现

湖南某技工院校毕业生周娜去面试某公司的公关人员。为体现时尚气质和青春活力，她特地穿上一套时尚的牛仔装和一双运动鞋。面试官的头一个问题就是问她为何这身打扮，周娜充满自信地说：“我这个打扮是为了体现青春活力，这正是公关人员所需要的气质。”面试官听后并不认同。最终，他们也没有录用周娜。

分析

周娜并没有做好充分的面试准备，没有提前了解应聘单位及应聘岗位所需人才的要求，就想当然地认为公关人员的特点是有青春活力，才导致了面试的失败。

针对周娜面试失败的原因，我们能给周娜提供一些什么建议或意见呢？

拓展阅读

为什么面试官要问这些问题？

面试官的问题

涉及方面	具体问题	备注
分析判断能力方面	你认为自己适合什么样的工作？为什么？	考查求职者能否结合自己的性格、能力、经历、特点有条理地分析问题
	你怎样理解……	
自我认知、自控力方面	你认为自己的长处和短处是什么？怎么样才能做到扬长避短？	考查求职者对自己短处的描述是否客观
	领导和同事批评你时，你如何应对？	考查求职者如何面对批评
	假如这次面试你未被录取，你今后会做哪些努力？	考查求职者听到问题后瞬间的反应情况

续表

涉及方面	具体问题	备注
组织协调能力、人际关系与适应能力方面	新到一个陌生的环境，你会怎样努力去适应？大概需要多久？	考查求职者适应环境的能力
	你更喜欢主动地开展工作还是由上级指挥你工作？你喜欢独立工作还是与别人合作？	考查求职者工作方式偏好。两种类型都有可取之处
精力分配与兴趣、爱好方面	你有什么兴趣爱好吗？	将求职者的兴趣分为身体接触对抗型、不接触对抗型、非竞争型、静止型、独享趣味型等
	你经常和朋友玩到很晚才休息吗？	能熬夜是精力充沛的表现，但若是经常玩得很晚则表明上进心不足
专业知识水平及特长方面	你认为自己最擅长的是什么？	考查求职者的专业知识及特长
	谈谈你对本行业当前发展情况的认识，以及未来发展趋势的预测	考查求职者是否与时俱进，能够掌握行业最新资讯，掌握最新资讯的人有培养潜力
	你有什么职业资格证书和能力证明？你认为它们可以证明你能应对工作中的什么具体问题？	考查求职者对岗位工作的理解程度

议一议

如果你是主考官，面对一位求职者及其简历，你会如何提问？

主考官的提问

提问方向	具体问题
求职意向	1. 你为什么对这个职位感兴趣？
	2.
	3.
个人信息	1. 你家是 ×× 的，没有想过回家乡找工作吗？父母亲都在那边吧？
	2.
	3.
教育背景	1. 为什么选择这个专业？
	2.
	3.
实习经历	1. 在实习中，你具体做些什么？你的工作职责是什么？
	2.
	3.
社团活动	1. 你为什么要加入这个社团？
	2.
	3.
所获荣誉	1. 在学校里获得了这么多奖，你是怎么做到的？
	2.
	3.

四、面试技巧及礼仪

（一）面试技巧

1. 遵从“3 秒”原则

在回答问题之前，最好停顿 3 秒左右。这样做不仅能够“消化”一下问题，还能够显得不是那么紧张。

2. 用 STAR 法组织答案

用 STAR 法可以把回答拆分为四部分，即情境（situation）、使命（task）、行为（action）、成果（result）。用这种方法回答问题能够全面涵盖各个方面。

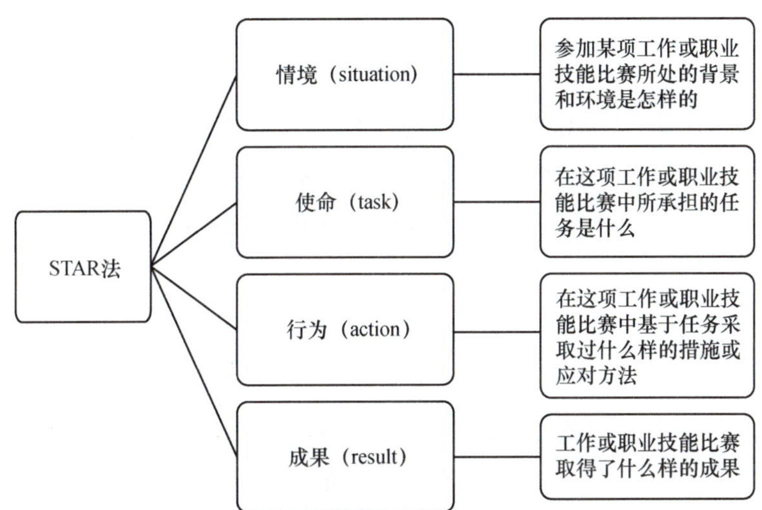

3. 有效倾听

面试过程中，倾听对于主考官和求职者来说，都是十分必要的。求职者首先要有耐心，即使对一个知之甚多的话题，也不能心不在焉；其次要专注，始终保持饱满的精神状态，正视对方的眼睛，以表明对他的谈话感兴趣；最后要细心，也就是要具备足够的敏感性，善于从对方的话语中听出他真正想表达的意思。

4. 确认提问内容

主考官向求职者提出问题时，求职者要全神贯注，目光跟随主考官的提问做出相应的反应。如果对主考官提出的问题，一时不知从何答起或难以理解对方问题的含义，求职者要保持冷静，可将问题复述一遍，并先谈自己对这一问题的理解，请教对方以确定自己对问题的理解是正确的。对不太明确的问题一定要搞清楚，这样才会有的放矢。

5. 把握表述重点

求职者在确认提问内容以后，回答问题要结论在先，议论在后，先将自己的中心意思表达清晰，然后再做叙述和论证。这样可以产生回答问题条理清楚、有理有据、简洁明了的面试效果。由于面试时间有限，切不可长篇大论，言多必有失，而且容易跑题，使听者感到厌烦。

6. 凸显个人特色

主考官要对许多求职者进行面试，相同的问题要问若干遍，类似的回答也听过若干遍。因此，主考官会感觉乏味、枯燥。只有具有独特个人见解的回答，才能引起主考官的兴趣和关注。要凸显个人特色，一定要结合具体的例子来说明，切忌讲套话、自吹自擂。

7. 掌握语言表达技巧

面试时，求职者的语言表达体现自身的成熟程度和综合素养。对求职者来说，掌握语言表达的技巧无疑是重要的，要注意保持口齿清楚，适当控制语速，关注听者反应等。

8. 问题应答中肯清晰

回答问题要诚实中肯、条理清晰、语速适中，切忌撒谎和浮夸，要力争引起对方的共鸣，充分表达自己对工作的热忱和对未来的信心。对于敏感问题如薪酬问题，可以这样回答：“我比较看重该职位的发展和晋升机会，薪资多少并不重要，重要的是我的工作能力和专业知识是不是贵公司所需要的，我是否能为公司赢取更大的利益。”然后顺势将话题由薪资转到展示自己以往突出的成绩、自身良好的综合素质以及能为公司做贡献的专业知识上来。要尊重主考官，在回答每个问题之后都说一句“谢谢”。

常见面试问题及回答思路

问题 1：你最大的优点是什么？

在回答这个问题时，需要注意两点：第一，阐述的优点最好与应聘的职位相关，例如，应聘市场推广类岗位，可以说自己性格开朗、善于与人打交道；应聘技术工种类岗位，可以说自己有耐心、喜欢钻研技术等。第二，不要撒谎，所阐述的优点必须是真实存在的，可以通过举例的方式来证明。

问题 2：你最大的缺点是什么？

这是一个令求职者感到比较头痛的问题。因为回答的缺点如果对所应聘的工作有较大影响，就很可能会被拒之门外；如果说出的缺点无关痛痒，或者把优点说成缺点，那么会让面试官觉得不诚实，容易引起面试官的反感。正确的做法是真诚地说出自己的个别缺点，同时，表明自己有积极改正的决心。

问题 3：为什么选择我们公司？

面试官主要通过这个问题了解求职者的求职动机，求职者可以从两个方面回答这个问题：第一，公司提供的工作与个人的职业生涯规划相吻合，同时，自己很看重公司提供的发展空间、职位晋升通道和学习成长环境；第二，可以从自己的求职动机、性格特征、兴趣爱好等角度来说。

问题 4：为什么应聘这个职位？

求职者在回答这个问题时，可以从个人的职业生涯规划、对该职位的认识以及自己的兴趣和能力这三个方面来说。

问题 5：你是应届毕业生，缺乏经验，如何能胜任这项工作？

这是毕业生经常遇到而且难以回答的问题。在回答这个问题时需要注意以下三个方面：第一，可以从社会实践、实习经历及生活经历中发掘相关经验，弥补经验不足的缺陷；第二，强调自己的学习能力，对工作的热情以及积极、主动的工作态度，同时还要表现出诚恳、机智和敬业；第三，要知道，当面试官问这个问题时，他并不是真的在乎求职者的工作经验，而是看求职者怎样机智、圆满地回答这个问题，以此来考查求职者的应变能力和抗压能力。

问题6：这份工作相对比较枯燥，时间久了你会觉得很无聊。你怎么看？

对这个问题的回答要结合个人性格与实际工作，突出自己爱岗敬业的精神，让面试官感觉到你是一个具有专业能力、心态成熟且善于自我调节的人。

问题7：这份工作经常要加班，甚至包括节假日，你有没有心理准备？

面试官问这个问题并不是说一定要加班，他只是想测试求职者是否愿意为公司奉献。

问题8：你对未来有什么样的职业规划？

面试官希望通过这个问题，一方面了解求职者的职业规划是否与公司未来的发展方向相符，另一方面考查求职者的计划能力。因此，求职者在回答这个问题时，要与面试官的考查要点相结合。需要做到以下三点：第一，提前做好有个人特色的职业生涯规划；第二，职业生涯规划要有可操作性；第三，个人职业目标与公司发展目标一致。

问题9：你做过的哪件事最令自己感到骄傲？

回答这个问题时，求职者一定要举一个最有把握的事例，交代事情的时间、地点、人物、起因、结果等要素，说清楚来龙去脉，同时要详略得当，能够体现自己能力的细节要详细说明，无关紧要的过程则可简略带过，最后总结在这个事例中自己所表现出来的能力。叙述要实事求是，忌夸大及说谎。

问题10：你期望的薪资是多少？

回答这个问题时，有些求职者担心说高了，别人会觉得不切实际；说低了，不仅自己吃亏，还会给面试官留下信心不足的印象。建议从以下几方面考虑：（1）面试前，应根据自己的实际情况、所应聘行业的整体工资水平，给自己定一个最低工资标准，一旦被问及薪资，在自定的最低标准上再上浮10%左右；（2）可请面试官告知所应聘职位的工资范围是多少，以便根据这个范围，选择中间水平。如果觉得自己条件好就再偏高点，认为自身条件不够好就偏低些。总之，在回答这个问题前一定要做好心理准备，以免在回答时出现迟疑不决或者很尴尬的样子。谈薪资是很正常的事情，一般企业都了解应届生的薪资水准，作为刚刚踏上工作岗位的应届生，不要担心第一份工作薪资会低，最重要的是要习得具有竞争力的专业技能。

（二）面试礼仪

1. 提前到达

面试前一天要正常休息，保证足够的睡眠。最好能提前 10~15 分钟到达面试地点，向相关工作人员做自我介绍，并遵从他们的安排耐心等待。可事先准备一本书或杂志放在公文包里，如果等待时间较长，可以看书保持安静镇定。等待期间不要来回走动，不要与别的求职者大声聊天。走进面试单位时，手机应调为静音或关机。

2. 把握进屋时机

任何情况下都要注意：进屋前，要先轻敲门；进屋后，若发现主考官正在填写上一名求职者的评估表，不要打扰，应表现出理解与合作的态度。如果主考官请你在门外等一下，那你就应按他的要求去做，不要东张西望或中间插话。

3. 保持情绪平和

进入面试办公室前，调节好自己的情绪。在整个面试过程中，不要紧张，表述要清晰，同时注意观察主考官的表情变化，尽快掌握主考官对哪些方面感兴趣，再根据事先的准备着重表达。切记，与主考官的意见不一致时，不要偏激执拗。

4. 身体语言规范有礼

要做到：举止大方，站立规范；表情真切，微笑得体。面谈时，眼睛要真诚地注视对方，以表示对主考官的尊重，以及对他的话感兴趣，不要东张西望、心不在焉。身体语言不宜过多。要显得有自信，对对方谈话的反应要自然坦率，不能做出大惊小怪的表情。

5. 面试后表示感谢

不管面试成功与否，都要注意自己的言谈举止。面试结束离开办公室时，应该把刚才坐的椅子扶正，恢复到刚进门时的位置，致谢后出门。经过前台时，要主动与前台工作人员点头致意或说“谢谢您，再见”之类的话。

实训任务

感受模拟面试，逐鹿精彩职场

一、任务描述

1. 能够根据企业用人要求和自身特长，做好职业规划以应对日益激烈的就业竞争。

2. 在活动中能了解并进一步剖析自身的求职竞争力，培养求职能力。

3. 了解面试的基本礼仪及流程，真切感受求职面试的实况，并了解自己的不足，及时改进，为进入社会做好准备。

二、任务实施

任务实施表

序号	步骤	时间安排	学生活动	教师活动
1	前期准备	模拟面试前 3 天	1. 提前做好求职简历 2. 做好面试前的心理准备	1. 邀请班主任参加本班的模拟面试 2. 邀请专业老师参加本次活动，并记录同学们所展现的亮点和不足 3. 按班级人数，准备好足够的企业信息表、岗位信息表等招聘材料 4. 制作任务书，发放给各位同学
2	准备模拟面试	上课前 30 分钟	1. 布置教室，以便于开展模拟面试 2. 根据个人的求职意向，做好简历投递准备	1. 制作面试评价表，发给各位老师及其他评委 2. 强调面试规则，每位同学的面试时间控制在 10 分钟以内 3. 对自信心不足的同学，进行适当的鼓励

续表

序号	步骤	时间安排	学生活动	教师活动
3	说明模拟面试规则	上课铃响之后	1. 按招聘岗位或学号顺序，依次上台模拟演练 2. 让自己进入真实的面试状态	1. 把控面试流程 2. 对每位同学的面试表现进行点评 3. 点评方法：先请学生自评优点或缺点，再请各位评委进行点评
4	模拟面试	每个学生面试10分钟	1. 做1分钟自我介绍，内容应结合应聘岗位的职责，做到有的放矢 2. 认真回答面试官们的提问	1. 考查应聘学生的表达能力、沟通能力、应变能力等 2. 根据应聘简历，有针对性地提问 3. 提问风格可以多变，如通过怀疑甚至反驳应聘学生，锻炼学生的抗压能力；设计一些问题陷阱，帮助应聘学生了解面试官提问的真实意图
5	结束模拟面试	下课铃响前5分钟	1. 对自己的面试过程进行总结和反思 2. 将教室桌椅摆放整齐，回归原位	1. 填写面试评价表 2. 课后指导学生就一些共性问题进行进一步探讨

面试评价表

面试项目	满分	优秀	较好	一般	较差	很差
专业技能	30	（30~28 分）	（27~25 分）	（24~22 分）	（21~19 分）	（19 分以下）
相关经验	10	（10~9 分）	（8~7 分）	（6~5 分）	（4~3 分）	（3 分以下）
表达能力	20	（20~18 分）	（17~15 分）	（14~12 分）	（11~9 分）	（9 分以下）
团队合作能力	20	（20~18 分）	（17~15 分）	（14~12 分）	（11~9 分）	（9 分以下）
应变能力	10	（10~9 分）	（8~7 分）	（6~5 分）	（4~3 分）	（3 分以下）

续表

面试项目	满分	优秀	较好	一般	较差	很差
仪表举止	10	（10~9分）	（8~7分）	（6~5分）	（4~3分）	（3分以下）
综合得分						
面试评价						
是否录取						

第三单元

初入职场

理想是需要的，它可以为我们指出前进的方向，但是理想必须从现实的努力奋斗中才能实现。

——周恩来

通过前面的学习，同学们掌握了搜集、筛选、应用就业信息的方法，掌握了简历投递和面试的技巧，那么在成功入职以后，是不是就万事大吉了呢？答案当然是否定的。那么，初入职场的技工院校毕业生需要做好哪些方面的准备？如何找准自己的定位？如何应对职场挫折？如何培养自己的职业道德？如何保障自己的合法就业权益？本单元将会为同学们解答这些疑惑。

第一课 做好职业角色转换

学习目标

1. 通过自主学习、案例分析和头脑风暴等方法，了解并认知职业角色，区分职业角色与学生角色的差异。

2. 通过小组讨论、案例分析等方法，正视初入职场可能会遇到的不良心态，并学会如何调节。

3. 通过小组学习、案例分析等方法，学会坦然应对挫折，理性面对跳槽。

翻转课堂

本课导读

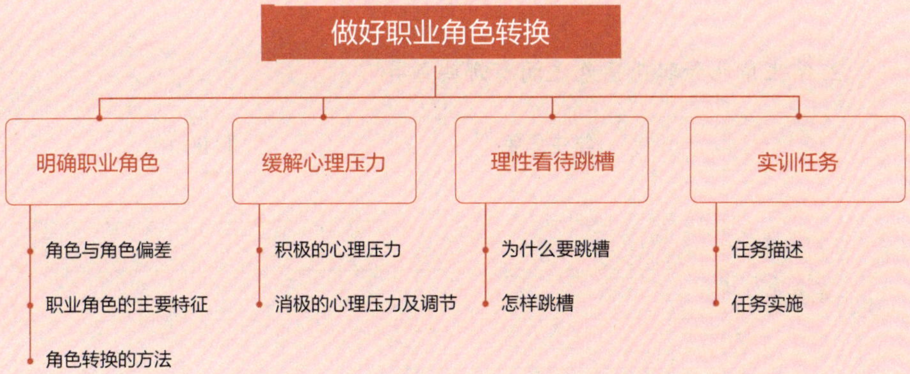

做好职业角色转换

- 明确职业角色
  - 角色与角色偏差
  - 职业角色的主要特征
  - 角色转换的方法
- 缓解心理压力
  - 积极的心理压力
  - 消极的心理压力及调节
- 理性看待跳槽
  - 为什么要跳槽
  - 怎样跳槽
- 实训任务
  - 任务描述
  - 任务实施

学会正确理解职业角色

小丽是浙江某技校刚毕业的学生，由于经验不足，能力欠缺，在工作中出现了失误，受到上级的严厉批评，她很不开心，没心思工作。

有人问她：“你为什么不开心？”

她说：“经理骂我了。”

又问：“你是不是工作没做好？”

她答：“即便工作没做好，他也不应该对我态度这样恶劣，我长这么大，我爸、我妈都没对我大声喊过！”

问：“那你希望怎么样？”

她答：“我希望我下次再犯错时，他的态度能好点儿！”

本课中，我们将尝试分析自己将来的职业角色，在完成这个活动之前，我们先回答以下问题。

1. 如果我们遇到相同的情况，会和小丽一样不开心吗？我们应该怎么做？

____

____

2. 学生角色和职业角色之间有哪些差异？

	学生角色	职业角色
差异		

3. 如果你是小丽的老师，小丽现在来向你请教，你会给她怎样的建议？

____

____

一、明确职业角色

（一）角色与角色偏差

生活中，每个人都在扮演一定的角色。比如学生就是一个角色，这个角色决定了其行为必须受到学生行为规范的约束，否则就会被质疑：你还像个学生吗？

议一议

列出自己在学校就读期间担任过的主要角色，然后谈谈哪个角色最为成功，哪个角色还有不足，为什么。

职场中同样存在着角色，我们称之为职业角色。一个人身处一个职业岗位，就要受到这个岗位的职责约束，进而形成一整套与之相适应的行为方式。

一般来说，职业角色对人行为的约束分为 3 种：第一是必须有的行为，第二是允许有的行为，第三是禁止有的行为。

必须有的行为和禁止有的行为通常关系到角色职责的履行和角色的社会形象，而允许有的行为一般不影响角色基本职能的完成，是否去做可视情况而定。例如，餐厅服务员热情周到地为宾客服务就是必须有的行为，而怠慢宾客甚至与宾客争吵就是禁止有的行为，至于在宾客用餐过程中是否能和宾客开一些善意的玩笑，则可以视情况而定。

初次就业者由于角色意识不强，或对角色内涵理解不够，容易产生一些角色偏差。这些偏差主要有以下几种类型。

第一，角色冲突。当一个人改变原来的角色，扮演一个新的角色时，新旧角色之间会发生矛盾，即角色冲突。比如，一个刚参加工作的学生很容易还把自己当成一个学生，不自觉地用一个学生的眼光看待工作中的人和事，从而引发矛盾。

第二，角色错位。就是行为超越了自己的角色范围。比如，作为一个职员，随意评价甚至指责其他同级同事的工作。这种角色错位很容易引起他人的反感，不利于良好人际关系的建立。

身边的故事

丽娜被解聘

丽娜是个很活泼的女孩儿，在学校时就是学生会的文艺部部长，点子多，做事有股冲劲儿。刚到公司的时候，她的表现让领导颇为满意。得到了领导的肯定，丽娜更加自信，认为前途一片光明。一次，所在的部门开会，其他同事发言过程中，丽娜就随意插话，发表自己的见解。这样的事之后又多次发生，直到有一次，一个需要领导签字的合同她竟然自作主张地签了，当领导问起时，丽娜说："我觉得没什么问题，所以就签了。"结果可想而知，她很快就收到了解聘通知。

丽娜为什么会被解聘？如果我们遇到相同的事情，应该怎么做？

第三，角色泛化。由于一个人同时扮演几个角色，不同角色规范之间可能出现相互干扰的现象。比如一个人是车间的质量检验员，又是车间的安全员，工作中常常将这两种角色的职责相互混淆，从而造成工作效率不高甚至失误。

以上 3 种类型的角色偏差，必须引起高度重视，同学们要通过各种措施使自己尽快进入职业角色，缩短“角色距离”，最终实现由学生角色向职业角色的转换。

（二）职业角色的主要特征

刚从学校走上工作岗位的就业者，角色转换的难度比较大，主要是因为学生角色与职业角色差别较大，这种差别突出体现在以下几个方面。

1. 活动方式的变化

从学生到职业人员，首先产生了活动方式上的变化。长期以来，学生习惯于接受外界给予的知识和技能，习惯于输入；而职业人员则需要运用自己的知识和能力，向外界输出自己的劳动成果。这种从输入到输出的转换，是活动方式的改变。因此，有些学生就会感到一时难以适应。即使是一些在学校里比较出色的同学，也经常在这样的变化中感到手足无措。这就是许多用人单位在招聘时要求应聘者有一定的实践经验的主要原因。所以，加快适应新的活动方式，是实现从学生角色到职业角色转变的一个主要举措。

学生角色和职业角色的行为表现差异

行为表现差异明细表

类型	学生角色	职业角色
主要目标	取得好成绩，德智体美劳全面发展	为组织创造业绩，实现人生理想
关注点	以学习为中心	以工作为中心

续表

类型	学生角色	职业角色
角色定位	服务接受者：接受学校的教育和教学服务	服务提供者：为组织和客户创造价值
思维方式	老师和家长能为我做些什么	我能为别人（公司、客户）做些什么
行为过程	多由学校安排好，被动接受，可选择性较小	更多地需要通过自己的主动努力去做好工作，选择性较大
考核指标	取得证书与文凭	完成组织赋予的任务
成就动机	继续学习深造；将来找一份好工作	获得加薪和升职；获得更好的发展空间
双方关系	被教育和监护关系（与学校）	劳资关系（与公司）
做事	尽力而为，尽量做好	全力以赴，必须做好；以结果为导向做事

2. 社会责任的增强

从学生角色到职业角色的转变，要求我们承担更多的社会责任，社会评价的标准也发生了变化。学生的主要责任是学好科学文化知识，掌握职业活动所需技能。职业人员，则以工作实践为主，要以特定的身份去履行自己的岗位职责。两种责任的承担所产生的结果也是有所区别的。学生责任承担得如何，主要关系到本人知识掌握的多少和能力培养的程度；而职业责任承担得如何，则关系到所在单位的产品、营销、管理、经济效益等方方面面的情况，影响较大。

身边的故事

刘其的故事

刘其是一家广告公司的新员工，虽然入职已近一年，但在工作中还是时常将自己看成是一个需要不断学习的新人。

有一次，公司一位资深同事做了一个方案，请部门同事提意见。刘其发现上面有一个错误，但他觉得自己是个新人，贸然指出前辈的错误，恐怕不妥，故而选择了沉默。

几天后的一个晚上，刘其一个人在公司加班，一个客户突然打来电话，原来是那位同事的方案出了问题，客户希望公司立刻能够派一个人进行修改，否则这个合作将无法继续。

刘其放下电话后，立刻联系那位同事，但电话一直无人接听。客户让他过去解决，刘其回答，这个方案不是他负责的，况且他还是一个新人。最终，这个项目因为没有人及时为客户解决问题而告停。

领导知道这件事后，语重心长地对刘其说："我一直很看好你，可你做新人要到什么时候呢？有的人进了公司 3 天后就不再是新人了，可你来了快一年了，还觉得自己是新人，什么事都怕担责任、畏缩不前。我想那是因为你缺了一份作为公司员工的责任心。你自己好好反思一下吧！"

分析

在岗位责任面前，没有新员工和老员工之别。一个人自走进公司第一天起，就是公司的一员了，就应当肩负起一名员工应有的责任和义务，不能以新人身份为借口推卸责任。

3. 全面独立的要求

从学生到职业人员的角色转变，要求我们具有承担社会责任的独立性。这种独立性是和经济上的独立性同时开始的。进入职业活动后，有了劳动报酬，我们在经济上就不再依赖父母。这种经济上的独立是一个标志，它表明了家庭乃至社会对我们提出了全面独立的要求，这一方面为我们的发展提供了更为广阔的空间和自由度；另一方面也为我们带来了依靠自身力量、加强自我管理的人生新挑战。多年来，学生在学习上有老师的指导，生活上有家庭的帮助，总是处在一种被动的环境中。因此，一旦被割断依赖，要求完全独立的时候，不少同学便有一种蹒跚学步时摇摇摆摆、重心不稳的感觉。做一件事不知该从何处下手，做一个决定犹豫不决。这种情况下，原先独立性较强的同学，就能较快地适应新角色的要求；而一些习惯于依赖他人的同学，就容易产生适应不良的问题。

（三）角色转换的方法

为了尽快适应职业生活，彻底实现学生角色向职业角色的转换，可采用以下几种方法。

1. 接受上岗培训

许多企业都会对新员工进行上岗前的培训，其主要目的在于帮助新员工了解企业的生产经营状况，认同企业的各种规章制度，明确自己的工作职责范围及工作评价标准。

对新员工来说，参加企业的这种培训是了解企业、融入企业的最佳途径；对于企业来说，培训一方面可增强新员工对企业的认同感，另一方面也是企业进一步了解新员工的有效方式。所以，新员工对这种培训应给予足够的重视。

某企业新员工岗前培训内容

培训科目	培训内容	培训目的	培训课时	负责部门
企业文化	讲解企业文化、理念、发展战略	促进员工对企业的了解和认同	0.5	综合部

续表

培训科目	培训内容	培训目的	培训课时	负责部门
企业的组织构架	讲解企业的工作流程和部门职责	加强员工对企业的了解和认同	0.5	综合部
企业的规章制度	讲解企业的制度	规范员工的行为	1	综合部
人事福利制度	讲解企业的福利待遇	增强员工的归属感	0.5	综合部
岗位知识和部门职责	讲解员工所在部门的专业技能要求以及相关部门的工作职责	帮助员工明确本职工作特点和要求及部门分工流程	0.5	综合部
礼仪	社交礼仪，应用心理学	让员工增长社交技能	0.5	综合部

2. 认同企业文化

企业文化与校园文化是不同的，良好的企业文化是企业实现可持续发展的基础与动力，所以企业总是不遗余力地推行自己的企业文化并试图影响员工的思想观念和行为习惯。企业文化包括精神文化（价值观，如质量第一、顾客至上等）、制度文化（各种规章制度，如考勤制度、薪酬制度等）、行为文化（行为风气，如工作作风等）。企业文化有一定的强制性，尤其是制度文化，如果员工在情感上不能接受，势必影响自己对企业的认同。

3. 遵守劳动纪律

没有规矩，不成方圆。纪律是任何社会组织正常运转的保证，新员工必须牢记各种工作纪律，严格约束自己的行为，这样才能为企业所接受。劳动纪律涉及面比较广，包括准时上班下班、遵守操作规程、安全有序生产、保守商业秘密等。

4. 参与各种活动

除了正常的工作外，企业还会组织娱乐、捐助、谈心等活动，这些活动都可以积极参加，通过这些活动，可以接触并熟悉企业中各个部门的人员，为以后同他们打交道奠定基础。

5. 适应管理者行为风格

企业各级管理者一方面有着体现自己个性特征的行为风格，另一方面也在一定程度上传承、体现着企业文化。新员工应当学会适应这种风格，以便更好地与管理者相处。

6. 认识自己的岗位状况

第一，要认识工作中的同事和领导，要用最短的时间记住他们的名字、了解他们的个性，与他们建立良好的工作关系。第二，要认识自己的岗位在部门中所处的位置，不仅要完成自己的本职工作，还要以一种合作的态度使自己成为本部门工作链中的一个有机组成部分，并努力使自己的知识结构、技能层次和工作方式符合岗位工作要求。另外，为了缩短自己的适应期，尽快地进入工作角色，初次就业者应该学会自觉调整心理状态，争取赢得大家的认同和赞赏等。职业适应的标志：对自己更有信心，形成了被人承认的职业定位，建立了新的良好的工作、生活状态。

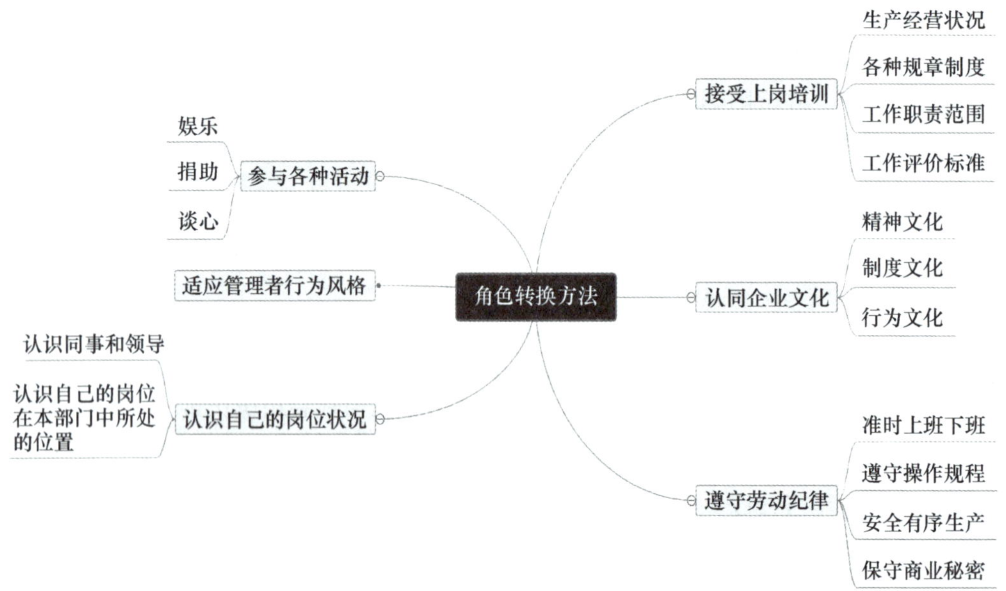

及时转换角色适应新环境

小王毕业后，找到一份广告公司文案的工作。半年过去了，他却依旧无法适应工作环境。在他看来，领导交给他的工作简单而琐碎，毫无技术含量，完全感受不到成就感。此外，领导和同事很难相处，想要融入集体障碍重重。久而久之，小王经常独来独往，极少与同事接触。小王很怀念曾经的上学时光。

职业指导师通过与小王一对一的交流，发现他在言行、心理上仍停留在学生角色层面。针对这一问题，职业指导师给出以下指导建议。

第一，从学生到职业人士，是一次重要的角色转换，在衣着、言行、心理等方面都应该进行相应调整。初入职场的新人应该意识到应以职业人士的标准来要求自己，比如对工作认真负责，以公司利益为重，有较强的团队意识等。

第二，作为职场新人，既不要骄傲自大，也不要妄自菲薄，应处理好人际关系，切忌急功近利，要能够根据现实的环境调整自己的期望值和目标。

第三，职场不是学校，更不是家庭，不能以自我为中心。要具备一定的沟通技巧和合作精神，同时要学习一些礼仪知识，脚踏实地走好每一步。

分析

从多年的学校生活步入职场，由于缺乏一定的心理准备和社会认知，刚就业的学生出现无法适应工作环境、不能很快融入企业甚至出现人际沟通障碍等问题，是很正常的。遇到问题不懂得与他人沟通、化解，是产生这些问题的主要原因。很多人都存在一种错误心理，认为把自己的问题告诉别人会被人瞧不起，或是认为说不说都没有用，因此总是把苦恼放在心里，导致矛盾越积越多。其实，遇到挫折是在所难免的，只要懂得沟通，善于调节，打开心结，放平心态，问题将会得到解决，同时也会得到别人的理解与认可。

二、缓解心理压力

世界上不存在没有压力的环境。所以，初次就业者来到一个新的环境，必定面临较大的心理压力。适度的压力，对于一个人的成长是有益的。压力太小，一个人就容易“飘”，习惯于混日子，得过且过；压力太大，一个人就容易放弃希望、自暴自弃。

做一做

吹气球比赛

比赛规则如下：

1. 20 秒内，将气球吹到你认为的极限。

2. 每个小组选派一名代表参加比赛，气球吹得最快最大的同学获胜，所在小组加 5 分。

3. 观赏比赛的同学，请认真仔细地观察气球由小到大分别经历了哪几个变化过程。

我们在这个小游戏中，看到了气球的哪几个变化过程呢？是否得到了一些启发呢？

（一）积极的心理压力

人在适度的压力，即积极的心理压力下可以更好地调动自身的积极性去应对所面临的问题，从而提高自己解决问题的能力和效率。

在职业适应的过程中，这种积极的心理压力主要来源于以下几个方面。

1. 岗位职责

岗位职责的核心是提供合格的产品，这里的产品包括有形产品和无形产品（如服务）。作为一个新员工，不管在什么岗位，都会面临岗位职责的压力。

第一，要明确自己的工作内容。这里的工作内容不仅指要完成的工作任务，更是指工作的质量标准。新员工面对这种质量标准通常会不适应。比如车工加工一个工件，在学校实习时，出现某个范围内的误差可能只是分数比别人低一点，还是及格的；在企业，工件会被判为废品，该车工也会受到经济处罚，甚至会因此丢掉工作。

第二，要掌握岗位需要的知识和技能。由于学校环境和企业环境有差异，新员工必须按照岗位要求学习新的知识、掌握新的技能，否则就不能适应岗位需要，当然也就难以完成工作任务。

第三，要接受工作规程的约束。企业不但对工艺有要求，而且对工作流程也有严格的规定。比如食品企业生产车间员工，上岗时必须洗手、更衣、消毒等，这些环节细致繁复、缺一不可，只有这样才能保证食品的安全卫生。

2. 行为规范

企业有着比学校更多、更严密的规章制度来规范员工的日常行为。比如，有公司规定：开完会，与会者必须将椅子轻轻推到桌子下面，否则将被罚款 50 元；在厂区道路上行走，必须靠右行，否则也将被罚款；班车驾驶员必须准点发车和到达目的地，否则将承担未能搭乘班车的员工的打车费等。新员工原来的行为习惯如果与企业的行为规范相冲突，就要改掉原有习惯而代之以新的行为习惯，这个过程也是一个面对压力、接受挑战的过程。

3. 人际关系

新员工进入一家企业，除了接受企业制度、工作职责、业务流程等一系列岗前培训，还应该认真对待工作中的人际关系，以便更好地融入这家企业。

进入职场之初，选择和什么样的人交朋友，和什么样的人共享资源，应该是新员工严肃、认真对待和思考的问题。新员工要和那些拥有阳光心态的人为伍，与有共同思想基础和奋斗目标的人一起，共同进步，形成一个“个人支持群体”，这个群体中的成员，可以是领导或者公司中卓有成就的前辈、同事等。他们会成为新员工职场的引路人和支持者，帮助新员工在职场中进步得更快。

从工作的角度看，企业中除了合作还存在着竞争和利益分配等复杂的关系。随着“优胜劣汰”成为人们普遍认同的观念，许多企业的薪酬制度和用工制度不断地按照这一思路进行改革，这使得每一名员工时刻都处于一种岗位、薪酬的不确定状态中。新员工既要在最短的时间内融入新的人际关系中去，又要在这种人际关系中保持自己的竞争优势，这种压力显然是巨大的，但同时也是积极的。

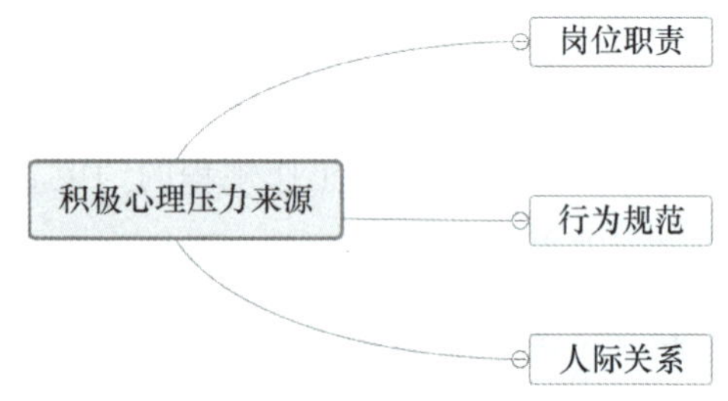

（二）消极的心理压力及调节

从心理上说，消极的心理压力会使人经常处于一种难以克服的不安、焦虑甚至恐惧之中；从生理上说，消极的心理压力会使人疲乏、活动能力下降甚至得病。青年学生，由于刚刚走入社会，面对陌生的环境，更容易产生消极的心理压力，所以要学会调节与克服。

拓展阅读

缓解心理压力的步骤

1. 认清产生压力的问题的性质。
2. 理性思考及分析问题的来龙去脉。
3. 确认个人对问题的处理能力。

4. 寻求解决问题的办法。

5. 运用问题解决技巧，拟订解决计划。

6. 积极处理问题。

7. 如果完全尽力，问题仍没有在短时间内解决，则表明问题解决的难度较高，有可能需要长期奋战不懈。

压力会带来情绪上的反应，而不良的情绪既是消极心理压力的结果，又能加重这种消极的心理压力。所以在尝试解决问题的过程中必须注意自己情绪的变化，一旦出现不良情绪，就需要及时应对。心理学家建议可采用以下方法。

1. 合理宣泄情绪

情绪既然是健全心理不可缺少的一面，我们对正常的情绪就不能过多压抑而要加以宣泄。情绪的宣泄有直接和间接两种方式。直接宣泄就是直接针对引发情绪的刺激来表达情绪。如果直接发泄对他人或自己不利，则可用间接宣泄使情绪得到缓解。比如可以向朋友倾诉，寻求他人的意见和建议等。

2. 理智控制

人应当以对事物的理性认识来控制个人的情绪。当忍不住要动怒时，要冷静审察形势，检讨反省，想一下发怒是否合理、发怒的后果有什么，有无其他更为适当的解决办法。经过如此“三思”，便能消除或减轻心理紧张，使情绪渐趋平复。比如，与人发生争执时，如能设身处地站在对方的立场上想一想，也许就心平气和了。

3. 转移注意力

在发生情绪反应时，头脑中有一个较强的“兴奋灶”，此时如果另外建立一个或几个新的“兴奋灶”，便可抵消或冲淡原来的“兴奋灶”。比如，做点别的事情来分散注意力，便可使情绪得到缓解。有的人生起气来拼命干活，这既是一种转移，也是一种宣泄，不失为一种行之有效的制怒方法。此外，也可以看电影、听音乐、打球、跑步或进行其他娱乐活动，只要是自己喜欢的，一样可以缓解紧张的情绪。

4. 幽默

当一个人发现自己面临一种不可调和的或对自己不利的局面时，为了不使自己陷入激动状态和被动局面，最好的办法是以超然洒脱的态度去应对。此时，一句得体的幽默之语往往可以使一个本来紧张的情况变得比较轻松，使一个窘迫的场面在笑语中消逝，使愤怒、不安的情绪得以缓解。幽默的人不开庸俗的玩笑，更不随便拿别人寻开心，他是以机智的头脑，巧妙诙谐地处理矛盾，既一语中的，又使人容易接受，在一些非原则问题上，宁可自我解嘲，也不去刺激对方，激化矛盾。

5. 自我安慰

为了减轻内心的痛苦，可以用各种理由强调自己所有的东西都是好的，以此冲淡内心的不安与痛苦。这种“自欺欺人”的方法，偶尔用一下作为缓解情绪的权宜之计，对于帮助人们在极大的挫折面前接受现实，避免精神崩溃，很有益处。但要注意不能用得过多，否则容易成为一种病态，会妨碍自己去追求真正需要的东西。

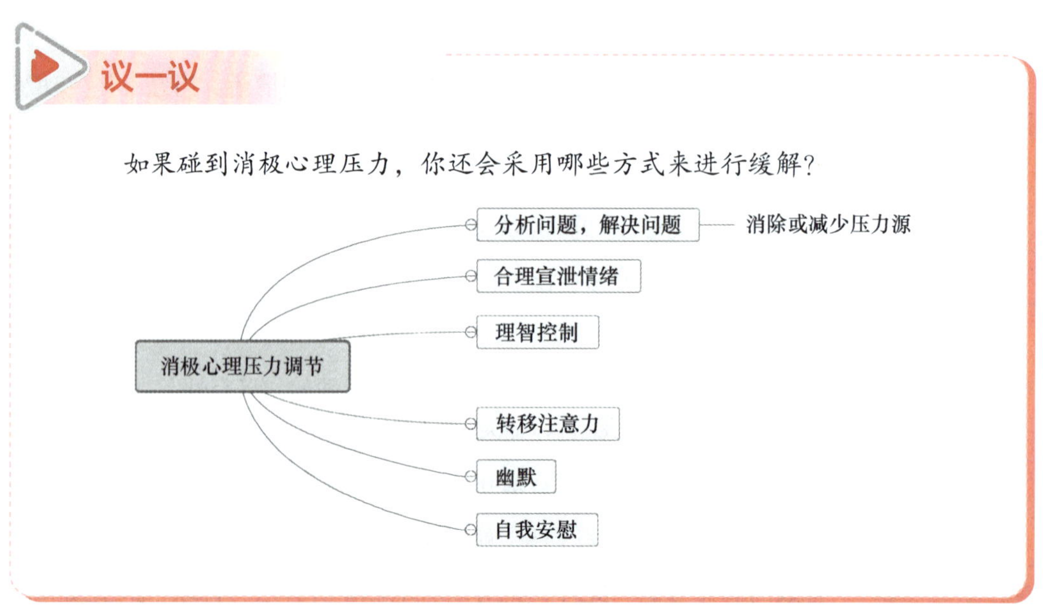

三、理性看待跳槽

跳槽就是人们离开原来的工作，另谋高就。跳槽对个人来说，是改变现状、谋求职业发展的重要策略；对社会来说，是劳动力市场自动实现人力资源配置的重要方式之一。

（一）为什么要跳槽

在实际工作当中，当对岗位不满意时，比如专业不对口，难以施展才干，或者对企业不满意时，比如认为管理制度不合理、工作压力太大、工资待遇太低、人际关系复杂、企业前景暗淡等，或者对择业不满意时，比如觉得此次求职过于草率，可能还有更好的企业可以选择，从业者可能就会产生跳槽的冲动或干脆付诸行动。

跳槽总是会有原因的。一般来说，跳槽的原因可归类为以下三种。

1. 适应性跳槽

这类跳槽者在职业适应过程中感到不满意或者遇到了难以克服的困难，比如难以适应岗位要求、人际关系紧张等，在做了多种努力仍然得不到改善后，便不得不选择主动离开。这类跳槽带有被迫的味道，跳槽者试图通过跳槽来改变环境，从而改善自己的职业前途。

2. 发展性跳槽

这类跳槽者在企业已经有了很好的职业适应，有的甚至已经成为企业生产骨干，但在这个过程中，也对自己有了新的认识，发现了自己的职业潜力，于是为了更快更好地自我发展，便主动对现有的职业及环境做出调整。

3. 盲目性跳槽

这类跳槽者往往没有明确的理由或者决策非常草率。比如，周围有人跳槽，自己便盲目跟风；有时仅仅是一时心血来潮，有了一个机会便做出决定；片面理解“树挪死、人挪活”，认为只有不断地跳槽才能捕捉到更好的机会，得到更好的发展，甚至仅仅是为了从中寻求一种刺激。盲目性的跳槽是不提倡的，没有经过深思熟虑，对市场需求状况也不了解，片面追求高薪或定位不准，最后不是越跳越高，而是越跳越糟。

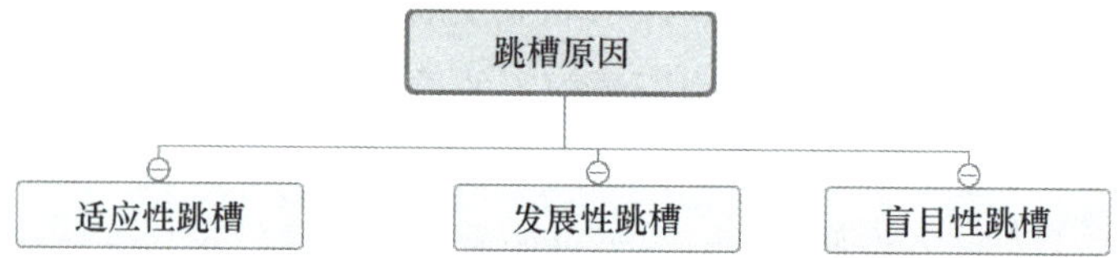

身边的故事一

小俊的跳槽经历

山西某技校学生小俊学习勤奋、成绩优异，在计算机技术方面优势突出，备受老师、亲朋好友的夸赞，让同学们心生羡慕，也让小俊的父母因有这样优秀的儿子感到自豪。毕业后，小俊如大家所料找到了一份很好的工作，在一家世界著名的电脑公司上班，这令同学们羡慕不已。没想到，两个月后，他就因为感到工作不理想而跳到另外一家公司。

不久后，他对新的公司更不满意，又辞职了。小俊虽然硬着头皮也要说跳槽“无怨无悔”，他的父母亲却明白，儿子的内心相当苦恼，实际上还是最初的那家公司最好。

身边的故事二

小勇的跳槽经历

小勇从陕西某技师学院计算机维修专业毕业后，在一家计算机公司做售后服务部经理助理，深得经理的赏识，还经常得到各种奖励。应该说，在他的同学里，他是干得比较出色的一个。可他却突然辞职了。他说在这家公司已经干了3年了，一时半会儿又得不到提升，都快成“老油条”了，想换一下环境。辞职后，他先后接触了几家计算机公司，可是工资、福利、职位还不如原来的单位，小勇不肯将就；他又到几家大的软件开发公司应聘，人家一时又看不上他，于是他只好天天到人才市场转悠。就这样半年过去了，他还在转悠。

分析

这两个故事是典型的“这山望着那山高”的就业心态。故事一中，初次走上工作岗位的毕业生往往对工作有着太多不切实际的期待，一旦发现现实与理想的差距，就会萌生跳槽的念头，于是不断跳来跳去。由于缺乏一定的工作经验和社会阅历，小俊在跳来跳去的过程中不断遭受挫折与失败，到最后迷失了自己的方向。故事二中，小勇虽然有了一定工作经验，但是对自己没有正确的认识，没有确定自己的职业定位和未来职业方向就盲目跳槽，最终也迷失了自己。

（二）怎样跳槽

1. 慎重决定

不管出于何种原因，做出跳槽的决定都应该慎重。要知道，无论是为了更好地发展还是为了尽快地适应职业，跳槽都不是唯一的选择。跳槽也不是一件简单的事情，跳槽后面对的也未必是一个完美的工作。所以，在做出跳槽决定之前，必须认真反复地审视现在所从事的工作和所在的企业。当然，在经过认真审视之后，如果依然认为跳槽是最好选择的话，那就可以做出决定并不再犹豫。总之，不要贸然因为“现在的工作辛苦”或“讨厌现在的公司”等理由而跳槽，要从自己的职业价值观出发来思考跳槽的必要性，任何时候，职业价值观都是最重要的。

离职前应当深思的6个问题

第一，你关注的“那些问题”能不能够通过离职得到解决？

第二，你关注的“那些问题”是不是有必要通过离职来解决？

第三，你关注的“那些问题”到底是公司的问题还是你自身的问题？

第四，一个组织或公司对一个人来说，常常意味着平台、机会、港湾以及圈子。这些你是否清醒地认识到了呢？

第五，你现在自认为已经具备的个人能力和魅力当中，有多少是来自现在这个平台？离开了这个平台，你的能力和魅力会打多少折扣？

第六，你关注的“那些问题”到底是不是问题？

如果在离职前，我们能够认真思考上面的6个问题，就不会随意放弃一份工作了。

2. 客观评估自己的“市场价值”

通常，企业老板会把自己的员工分为3类：第一类是能够为企业创造巨大财富的人——“人财”，第二类是企业达成经营目标必须使用的人——“人才”，第三类是可有可无、可用可不用的人——“人裁”（一有机会就要首先裁去的人）。作为一个求职者，其“市场价值”就在于是否能够为企业带来价值，这是跳槽能否成功的关键所在。所以，跳槽时必须客观地评估自己在劳动力市场上再次被聘用的“市场价值”。这种“市场价值”如果低于初次求职，就要慎重考虑是否跳槽。

3. 确立跳槽方向

考虑跳槽时，有必要在把握自己现状的基础上，决定跳槽的方向。一般情况下，按照是否同一行业、是否同类型岗位的维度，可分为以下 4 种跳槽方向。

第一种，同一行业、同类型岗位。也就是将现在已经掌握的技术技能运用到同一行业的不同企业当中。

第二种，同一行业、不同类型岗位。在现有行业中通过学习掌握不同的知识与技能从事另外一种岗位。比如，从某机械公司的研发岗位跳槽到另外一家机械公司从事市场销售工作。

第三种，不同行业、同类型岗位。跳到运用相同知识与技能的其他行业。比如，从某电力公司的文秘岗跳槽到某广告公司做文秘。

第四种，不同行业、不同类型岗位。跳到其他行业从事完全不同的工作，这需要学习和掌握全新的知识和技能。比如，从快速消费品行业营销策划岗位跳槽到 IT 行业做产品研发。

身边的故事

小艾的跳槽经历

小艾在研发工程师岗位上工作了 6 年，随着年龄的增长，对自己的职业方向越来越清晰，她更想做销售工作，但是从研发转销售有很大的难度。小艾发现，从售前支持转销售的可能性更大些，而根据自己的技术背景，转到售前支持更加容易。于是小艾通过朋友介绍，成功转到同行业的公司做售前支持工程师，因为其良好的技术能力，薪酬没有下降反而得到了增长。在做售前工程师期间，小艾跟着销售经理们拜访客户、制作技术标书、参与现场投标，积累了丰富的客户沟通经验，得到销售经理们的一致认可。3年后，小艾成功转到销售岗位。现在的小艾，已经成为一家知名企业的销售总监。

同学们，想一想小艾跳槽为什么能成功？从她身上你学到了什么？

以上4种跳槽方向各有利弊。只有决定了跳槽所要进入的行业及工作领域，才能明确自己的职业前景，也才能进行相关的信息搜集与分析，进而通过自己的努力实现跳槽的目的。

议一议

上述4种跳槽方向分别有哪些利弊？将答案写入下表中。

利弊分析表

	利	弊
第一种		
第二种		
第三种		
第四种		

实训任务

分析自己的职业角色

一、任务描述

假设某企业正在招聘，招聘启事可以使用上个单元“实训任务”中设计的，也可以在网上另找一则（最好与自己专业相匹配）。现在你已经成功通过递交简历、面试等环节，入职该企业，试分析自己的职业角色定位。

二、任务实施

1. 提前通过网络搜索资料、请教相关人员（老职员）等方式，更加深入地了解自己即将就职的公司的企业文化和岗位要求。

2. 按照每组 3~4 人的规模进行分组讨论，从企业文化、岗位内容、专业知识、职业资格、行为品德等方面分析职业角色定位，并分析它与目前自己的学生角色有何不同之处，自己该如何顺利进行角色的转变，并用简洁的文字写下来（下表仅做参考，内容多可附页）。

职业角色定位分析

学生角色任务	职业角色任务	如何转变	转变时会遇到的困难及解决办法

3. 各组选派一名代表分享本组的职业角色定位分析。

4. 其他小组对该组分析进行评价。

第二课　培养良好职业道德

学习目标

1. 通过案例分析和小组讨论，初步了解职业道德的内涵及作用。
2. 通过小组学习、案例分析等活动，养成良好的职业道德习惯。
3. 通过课前调查、案例分享、小组讨论分析，感悟、传承、弘扬新时代工匠精神。

翻转课堂

本课导读

培养良好职业道德

- 寻找身边的职业道德模范
  - 什么是职业道德
  - 职业道德的作用
  - 职业道德的基本规范
- 养成良好的职业道德习惯
  - 在日常生活中培养良好行为习惯
  - 在学习中提升个人综合素质
  - 在工作实践中增强职业认同感
  - 在自我修养中提升职业道德品质
  - 在职业活动中强化职业道德
- 感悟、弘扬、传承工匠精神
  - 什么是工匠精神
  - 了解身边的能工巧匠
  - 如何践行工匠精神
- 实训任务
  - 任务描述
  - 任务实施

“最美逆行者”张定宇

张定宇，他是一位医者，也是一位患者。

2018 年，张定宇被确诊患上了运动神经元病，即人们常说的渐冻症。身患渐冻症的他，双腿一天天在萎缩，这种罕见病目前无药可救，最痛苦的时候，他必须把全身重心压迫到一条腿上，连续单腿站立半小时左右才能缓解。但是，张定宇始终没有放弃自己心爱的医学事业，坚守在扶伤救危的第一线。

2019 年 12 月，作为湖北省传染病定点医院的院长，张定宇在收治首批 7 名不明原因的肺炎患者后，立即组建隔离病区，率先采集样本开展病毒检测，组织动员遗体捐献，为确认新冠病毒赢得了时间，为开展新冠肺炎病理研究创造了条件。接下来的几个月，张定宇拖着行走不便的双腿，日夜奋战在抗击疫情的最前沿。在抗击新冠肺炎疫情的战斗中，张定宇率领的金银潭医院医疗团队为患者们建起了一道生命屏障，累计救治新冠肺炎患者 2 800 多名，其中不少为重症、危重症患者，为打赢湖北保卫战、武汉保卫战做出了重大贡献。

2020 年 9 月 8 日上午，在全国抗击新冠肺炎疫情表彰大会上，张定宇被授予“人民英雄”荣誉称号，但张定宇却说：“现在回头去看去年，壮烈但是也很平常，它就是我们的一个工作，它是你应尽的这份职责。”张定宇的话十分朴素，但平淡的语气中，是一位医者对自身职责最深刻的认知与坚守。在急难险重岗位上，他以实际行动书写了对党和人民的忠诚，即使他的双腿已经开始萎缩，但他站立的地方，是抗疫战场上最坚实的阵地。

刘传健：中国民航英雄机长

2018 年 5 月 14 日早上，由重庆飞往拉萨的川航 3U8633 航班，在飞机进入 9 800 米巡航高度时，飞机驾驶舱右侧（副驾驶席）风挡玻璃突然炸裂，造成驾驶舱严重失压，舱内温度骤降至 −40 ℃，在意外发生后，副驾驶大半个身子都被“吸”了出去，驾驶舱控制台上的电子设备七零八落，显然已不能使用。生死关头，航班机长刘传健果断应对，带领机组成员临危不乱、正确处置，在 20 分钟内让飞机完成紧急迫降，确保了机上 119 名旅客生命安全。

本课中，我们将尝试完成“21 天习惯养成”计划，在完成这个活动之前，我们先回答以下问题：

1. 张定宇、刘传健在发生重大险情后所做的抉择，分别体现了什么样的职业道德？

____

____

2. 对照案例，请思考良好的职业道德是怎样养成的。

____

____

3. 作为技工院校学生，我们将来要从事的工作，需要哪些职业道德？我们目前具备这些职业道德了吗？如果没有，该如何养成？

____

____

4. 请在我们将来要从事的行业内寻找一名职业道德楷模（最好是我们的校友、前辈），记录并与大家分享他的事迹。

____

____

一、寻找身边的职业道德模范

（一）什么是职业道德

职业道德的核心是为人民服务，体现了“我为人人、人人为我”的人际关系的本质。

身边的故事

洗碗的年轻人

一名学生在某家餐馆打工，老板要求洗碗时要洗 6 遍。一开始他还能按照要求去做，洗着洗着，发现少洗一遍也挺干净，于是只洗 5 遍，后来发现再少洗一遍还是挺干净，于是又减少了一遍，只洗 4 遍。他暗中留意另一个打工的人，发现他还是老老实实地洗 6 遍，速度自然要比自己慢许多，便悄悄地告诉那个人可以少洗一遍，看不出来的。谁知那个人一听，惊讶地说：“规定要洗 6 遍，怎么能少洗一遍呢？”

如果我们是老板，希望用哪种工作态度的员工？

分析

学历已不再是公司招聘员工的首要条件。大多数雇主认为，良好的工作态度和职业道德是招聘员工时首先要考虑的，其次是职业技能，最后是工作经验。

拓展阅读

常规行业职业道德规范简介

农林类从业人员基本职业道德规范：

吃苦耐劳，科学种田，合理利用土地，保护土地、农林资源等。

交通运输类从业人员基本职业道德规范：

保障乘客生命财产安全、爱护交通运输工具、吃苦耐劳、热情服务乘客等。

医药卫生类从业人员基本职业道德规范：

钻研医术、精心诊治、救死扶伤、尽责尽心等。

司法类从业人员基本职业道德规范：

忠于宪法和法律、坚持司法公正、秉公执法、保持清正廉洁等。

师范教育类从业人员基本职业道德规范：

遵从教育方针、关爱学生、尊重学生人格、诲人不倦、因材施教、崇尚科学等。

商贸类从业人员基本职业道德规范：

诚实守信、文明经商、保守行业秘密等。

财经类从业人员基本职业道德规范：

廉洁自律、信息真实、严格监督、讲究效益、严守机密等。

旅游类从业人员基本职业道德规范：

热情友好、宾客至上、真诚公道、信誉第一、文明礼貌、优质服务等。

信息技术类从业人员基本职业道德规范：

努力钻研、方便群众、尊重他人智力成果、不以专业技术损害他人利益、遵从互联网道德等。

（二）职业道德的作用

职业道德是社会道德体系的重要组成部分，一方面，它具有社会道德体系的一般作用；另一方面，它又具有自身的特殊作用，具体表现在以下 4 个方面。

1. 有利于从业人员从业的成功

思想决定行为，一个从业人员的职业道德水平直接影响着他的职业行为，良好的职业道德素质有助于从业成功；反之，职业生涯很难取得成功。

2. 有利于调节职业交往中从业人员内部以及从业人员与服务对象间的关系

职业道德具有调节功能。一方面，它可以调节从业人员内部的关系，即约束从业人员的行为，促进从业人员的团结与合作。比如，职业道德规范要求从业人员要团结、互助、爱岗、敬业，齐心协力地为本行业、本企业的发展服务。另一方面，职业道德又可以调节从业人员和服务对象之间的关系。比如，职业道德规定了制造产品的工人要怎样对用户负责，营销人员要怎样对顾客负责，医生要怎样对病人负责，教师要怎样对学生负责等。

3. 有利于维护和提高企业、行业的信誉，促进企业、行业的发展

一个企业或一个行业的信誉，反映出公众对该企业、行业产品与服务的信任程度。提高企业、行业的信誉主要靠产品的质量和服务的质量，而从业人员良好的职业道德水平是产品质量和服务质量的有效保证。

4. 有利于提高整个社会的道德水平

整个社会道德水平的高低，往往是通过各行各业的职业风气表现出来的。各行各业的职业风气是职工道德水平和道德风貌的总体体现，而整个社会的道德水平又是各行各业道德水平和道德风貌的综合反映。

（三）职业道德的基本规范

1. 爱岗敬业

爱岗就是热爱自己的工作岗位，热爱本职工作；敬业就是以负责任的态度对待自己的工作，忠于职守，尽职尽责。俗话说得好："干一行，爱一行。"我们既然选择了这份职业，就要热爱自己的工作岗位，自觉遵守劳动纪律，正确看待自己所从事的工作，忠于工作职责，努力钻研业务知识，掌握更多的业务技能。

2. 诚实守信

诚实就是忠诚老实，不讲假话；守信就是信守诺言，说话算数。诚实守信，是做人的基本原则，也是对各类从业者的基本道德要求。无论我们从事什么职业，如果没有了诚信，就会失去人们的信任，失去社会的支持，失去成长和发展的机遇。因此，我们在今后的职业活动中应当做到诚实劳动、合法经营、讲求名誉、一诺千金。

3. 办事公道

办事公道是指从业人员站在公正的立场上，按照同一标准和同一原则办事。职业没有高低贵贱之分，从业人员在职业活动中不能因服务对象不同而有所不同，要做到公平、公正，不谋私利，不徇私情，不以私损公，不以权害民。

4. 服务群众

服务群众就是为人民群众服务，时时刻刻为群众着想，急群众之所急，忧群众之所忧。这一点在职业活动中具体体现为立足于本职岗位，通过不同的方式为群众着想，替群众办事，为群众提供高质量、高标准的产品或服务。

身边的故事

平凡“小事”也需不凡付出

从警十多年，邹兴华办过很多案子，也收到过许多赞誉，却从未想过有一天因为一件“小事”上了热搜。

2020年国庆假期，重庆市沙坪坝区石井坡派出所接到报警：有人车辆被划。值班的邹兴华到场查看监控录像，一名围着车转圈的10岁男孩成了最大“嫌疑人”。后来，男孩父亲和车主同意私了，事情似乎可以画上句号了。

可沟通中，孩子的表现一直让邹兴华放心不下。“要是真冤枉了孩子，就可能影响他的成长。”48岁的邹兴华又拿出了当兵时的韧劲儿，接连3天“泡”在30多个小时的录像里，一帧一帧比对，直到他发现该车到达停车场前已有划痕，一场误会才得以化解。

在“划车”事件之后，经过网络传播，邹兴华的名头更响，专程求助的电话也更多了。邹兴华的手机号码成了社区里的“求助专线”，派出所与邹兴华一合计，反正是为民解忧，干脆就设立了“邹兴华热线”，辖区居民遇到问题可以直接给邹兴华打电话。而邹兴华，虽然工作一下子变得更加繁忙，但他却乐此不疲。只要群众需要他，无论是饭点还是深夜，他的回应都是：“你等等，我马上到。”在他看来，警察眼中没有大案小案之分，关系老百姓安全和利益的事，就是大事。

分析

一个小男孩的委屈或许是“小事”，一名警察3天查看监控找证据的付出可能不起眼，但这些“小事”，对于当事者来说却是大事。服务群众、坚守职责，没有大小事之分。再不起眼的“小事”，也连着千家万户，也寄托着群众的期待。把每一件“小事”都放在心间，把每一分付出与努力都用在“小事”上，平凡的工作也会变得不凡。

5. 奉献社会

奉献社会作为社会主义职业道德的综合体现，是社会主义职业道德的最高层次要求，它要求我们在各自的职业活动中本着全心全意为人民服务的精神，积极地为社会和他人多做贡献。奉献社会是一种人生境界，是一种融在事业中的高尚人格。

感动中国——中国“最美奶奶”马旭

2018年，马旭夫妇向家乡黑龙江省木兰县教育局捐赠1 000万元，引起广泛关注。这笔巨款是马旭与丈夫几十年积攒下来的。他们平时生活俭朴，住在一个不起眼的小院里。

青年时期的马旭怀着一颗保家卫国的赤子之心，光荣参军，戎马一生，曾获得过抗美援朝纪念章等荣誉。她有着强烈的上进心，积极请求成为空降兵，并最终创造了空降兵历史中的“三个之最”，即第一个女空降兵、跳伞次数最多的女兵、实施空降年龄最大的女兵。她一生节衣缩食，为公益“一掷千金”，以点滴积蓄汇成大爱江河，成为2018年度“感动中国”十大人物之一。

二、养成良好的职业道德习惯

从事各种职业活动的人员，按照职业道德基本原则和规范，有目的、有计划地培养和训练自己的职业道德行为，使自己形成良好的职业道德品质和达到一定的职业道德境界。

职业道德养成有助于提高从业人员的素质，对其谋职就业与职业生涯发展具有重要意义；有助于培养从业人员良好的职业观念、职业作风和职业行为习惯；有助于从业人员以更好的心态、更大的热情投入工作，做出更多的贡献，从而实现人生价值。

（一）在日常生活中培养良好行为习惯

一个人在职业活动中所表现出的行为方式和道德观念，与日常生活中的行为方式和道德观念有着密切的联系。日常生活中的点点滴滴对一个人行为习惯的养成是至关重要的。技工院校毕业生社会阅历浅，又处于身心发育的关键时期，思想活跃又极易变化，自身行为习惯会直接关系到就业后事业的发展。

毕业生进入工作岗位后，要了解工作岗位的职责，认真对待领导交给的任务，为人诚实，善于学习，主动与人交流，发现问题要及时提出，不能隐瞒，谨记“勿以恶小而为之，勿以善小而不为”。在日常生活中，与他人建立和谐的人际关系，对生活中的各类现象有自己明确的是非美丑评判标准，努力规范、约束自己的言谈举止，自觉抵制不良诱惑，以积极的心态看待一切，认真处理好生活中发生的大事小事。

（二）在学习中提升个人综合素质

从业人员在职业活动中所体现出的职业道德，也是个人综合素质的一种体现。

通过学习，我们可以对各自所从事的具体职业有一个深入的认识，对具体职业涉及的行业标准、操作规程、人员素质要求等有所了解，不断增加职业知识和技能储备，为更好地完成本职工作，提高个人的综合职业素养，打下坚实的基础。

（三）在工作实践中增强职业认同感

职业认同感是一个心理学概念，表现为个体对于所从事职业的目标、社会价值及其他方面的看法，与社会对该职业的评价及期望一致。职业认同感会影响员工的忠诚度、向心力、成就感和事业心。职业认同感一般是员工在长期从事某种职业活动过程中，对该职业活动的性质、内容、社会价值和个人意义，甚至对职业用语、工作方法、职业习惯与职业环境等都极为熟悉和认可的情况下形成的。

毕业生们一旦走上工作岗位，不宜频繁跳槽，跳槽之前最好事先对自身进行职业规划。知识、财富、人生的经验需要积累，频繁跳槽不利于经验的积累。在一个优秀的组织中注重积累沉淀才能学到其精髓，不然什么都难以学到。不少人择业时易受社会舆论的影响，求热门，而不考虑自身条件及职业特点，结果在激烈的竞争中败北，或者在其位难尽其职，既影响工作，又压抑自己。所以，我们应该正确地评价自己，对自己的性格、能力、专业技能等进行客观评估，从而得出什么才是最适合自己的职业，在工作实践中不断增强职业认同感，成就自己的事业和人生。

（四）在自我修养中提升职业道德品质

职业道德品质，融合了符合具体职业特征的道德要求和行为准则。职业道德品质提升的关键，在于个人修养的加强。

内省和慎独，是个人修养的两个重要方面。内省，就是在内心省察自己思想、言行有无过失。一个人只有正视自己的优点与缺点，善于反省，不断改进，才能成为一个符合时代精神的、有高尚职业道德品质的人。慎独，是儒家道德修养要求。具体表现：在他人无法察知的时候，也自觉地谨守道德规范。作为从业者，无论在什么情况下，都应该遵循具体职业的道德要求和行业规范，经受住各种考验，努力做一个具备高尚职业道德品质的新型劳动者。

请同学们结合自己所学的专业，查一查相关职业道德规范是什么，结合自身情况，谈一谈我们应该怎么培养良好的职业道德习惯。

（五）在职业活动中强化职业道德

在职业活动中，人们通过在不同的工作岗位上，从事具体的劳动，实现着自身价值，服务于他人，奉献于社会，职业活动也就成为体现从业者职业道德的最直接的方式。

对于毕业生来说，刚刚走出校门，步入社会工作岗位，要尽快熟悉并适应自己所处的工作环境，培养对职业的感情；了解工作对人员素质的具体要求，养成良好的工作习惯，对工作充满热忱、高度负责；建立积极、自信的职业心态，主动发掘工作当中出现的问题，并相信自己一定能够成功解决；珍惜工作机会，主动工作，完成从忠于职守到“我能主动为工作做些什么”的转变；与工作团队紧密合作，善于发现职业道德榜样并努力向他们学习，在职业活动中强化职业道德。

身边的故事

其美多吉：雪域邮路上的忠诚信使

“三十忠诚风与雪，万里邮路云和月。雪山可以崩塌，真正的汉子不能倒下。雀儿山上流动的绿，生命禁区前行的旗，蜿蜒的邮路是雪山的旋律。坚强的多吉，你唱出高原上最深沉的歌。”这是“感动中国”2018 年度人物其美多吉的颁奖词。

其美多吉承担川藏邮路康定到德格段的邮运工作，圆满完成每一次邮运任务。他不畏艰险，多年往返于海拔在 3 500 米以上的雪线邮路，每月至少 20 次翻越海拔 5 050 米的雀儿山垭口。他爱岗敬业，与家人聚少离多，却与邮车朝夕相伴。他团结友善，为沿途藏、汉族群众送信件包裹，架起了沟通联系的桥梁。他乐于助人，用备在邮车里的氧气罐和药品，挽救过上百人的生命。他忠诚担当，坚持做好车辆检查、维修等工作，熟知沿途所有道路状况，以高超的驾驶技术完成好每一次邮运任务。近年来，其美多吉的邮车除了运送党报党刊和信件，还把快递包裹运送到藏区，同时将藏区的特色农产品运送出去，为藏区的经济社会发展做出了贡献。

2016 年，其美多吉所在的康定—德格邮路车队入选交通运输部“中国运输领袖品牌”。2017 年，其美多吉被交通运输部和中华全国总工会评为“2016 年度感动交通十大年度人物”，同年荣登“中国好人榜”。2018 年，康定—德格邮路被交通运输部命名为“其美多吉雪线邮路”，其美多吉获“四川省五一劳动奖章”，被评为“全国邮政系统先进个人”。2019 年 1 月，中宣部授予其美多吉“时代楷模”称号。

其美多吉驾驶技术好、对路况熟，川藏线上无人不知，很多人都劝他换个更轻松更挣钱的工作。“这份工作培养了我，我就要对得起这份工作！”其美多吉没有豪言壮语，但每一句话都既朴实又坚定。

三、感悟、弘扬、传承工匠精神

（一）什么是工匠精神

“鼓励企业开展个性化定制、柔性化生产，培育精益求精的工匠精神，增品种、提品质、创品牌。”2016 年，“工匠精神”一词首次出现在政府工作报告中，引起社会的广泛关注与共鸣。

“工业强国都是技师技工的大国，我们要有很强的技术工人队伍。”

“要大力培育支撑中国制造、中国创造的高技能人才队伍。”

——习近平

工匠精神包含执着专注、精益求精、一丝不苟、追求卓越四个方面的内容。党的十九大报告提出，建设知识型、技能型、创新型劳动者大军，弘扬劳模精神和工匠精神，营造劳动光荣的社会风尚和精益求精的敬业风气。作为一种精神信念，工匠精神不仅是手工制造业的坚守，也是对各行各业的要求。不难看出，培育工匠精神具有很强的现实针对性和必要性，这不仅是“中国制造”的需要，也是展示中国形象、中国实力甚至是实现中国梦的需要。

（二）了解身边的能工巧匠

近年来，国家对技能人才队伍建设以及工匠精神极为重视，对各行各业从业者的职业精神、职业道德和职业品质提出了更高的要求。

本课中介绍的几位能工巧匠，他们来自各行各业，做着平凡的工作却做出了不平凡的贡献。除了教材中介绍的这几位能工巧匠，也请同学们通过查阅资料、上网搜寻等方式找出自己专业领域内的能工巧匠，和我们一起分享他们的精彩故事，并完成下表。

我了解的能工巧匠

姓名： 独到的专业技术与技能： 特别的故事：
他眼中的工匠精神： 从他身上学到了什么：

身边的故事

青年工匠

黄枫杰——第44届世界技能大赛原型制作项目金牌获得者

黄枫杰，2012年入读广州市技师学院模具设计与制造专业。2015年获广东省CAD图形设计职业技能竞赛个人三等奖、团队二等奖；2016年获第44届世界技能大赛原型制作项目全国选拔赛第一名；2017年6月获广东省技工院校“校园之星”称号，11月获“广州市技术创新能手”称号，12月获“全国技术能手”称号；2018年获“第十九届广东青年五四奖章”，2月获广州市“2017年度十大榜样人物”荣誉，5月被评为2017年度“全国优秀共青团员”。

黄枫杰有一个霸气的外号：黄一刀。

这一外号源于黄枫杰精准的机床切割技术。在比赛中，机床切割技术尤其考验选手的感观、听觉、触觉以及对切削原理、材料属性、刀具等知识的整体掌握程度。这一切都要求选手必须具备系统的理论知识和扎实的基本功，同时还要对机床性能有全面的了解。

“一刀准”意味着精准度丝毫不差。黄枫杰完全可以做到，他第一刀下去后经测量调校，第二刀凭感觉即可以精准切割。在赛场上，这一绝活一经亮出，其他选手的机床技术便黯然失色。这是他夺魁的“杀手锏”。

练就“一刀准”绝活跟中央电视台《大国工匠》栏目里一位钳工师傅所带来的震撼有关。“这位老钳工师傅做出来的零件精度能达到0.01毫米，我觉得靠人手是不可能实现的，但老师傅就是做到了。这种追求完美、力求极致的精神就是工匠精神。我们都是‘匠人’，我也应该能够做到。”在每次操作中，黄枫杰都会详细记录相关参数，计算每一次误差，无数次上机，无数次经验积累，最终熟能生巧，练就绝活。

当然，只凭“一刀准”征战赛场是不可能的。“一刀准”的背后，是综合实力的体现。该项目涵盖设计、3D打印、铣床、车床、手工打磨、抛光、喷漆 7 个工种。自 2015 年 9 月起，除了外出学习、培训的 3 个月，黄枫杰都在集训基地训练。“早上 7 点起床准备训练，中午不停歇，晚上很晚才休息。我是被教练一路‘折磨’过来的！”黄枫杰笑称那是一段“疯狂”的日子。

赵脯菠——第 45 届世界技能大赛焊接项目金牌获得者

赵脯菠，2013 年入读攀枝花技师学院焊接专业。2017 年获第十三届全国工程建设系统职业技能竞赛第二名；2019 年获第 45 届世界技能大赛焊接项目全国选拔赛第一名。第 45 届世界技能大赛焊接项目冠军。荣获“全国技术能手”“全国青年岗位能手”“中冶工匠”等荣誉称号，被国务院批准享受国务院政府特殊津贴。

焊接是件“苦活”，要端着焊枪在钢铁上“绣花”。从 2013 年选择做一名焊接技术工人开始，赵脯菠就全身心投入焊接技能的学习和训练中，无论寒冬酷暑，他一直坚持每天十几个小时高强度的学习训练，不断提升自己的技能水平。为了练习腕力，赵脯菠用手托砖一托就是几个小时；因焊接特别考验“蹲功”，他在看书、洗衣服，甚至吃饭时都蹲着，蹲久了站起来活动活动四肢，再继续蹲。在第 45 届世界技能大赛总时长 18 个小时的比赛中，赵脯菠凭借丰富的训练经验、熟练的技术技巧以及稳定的心态，完成了组合件、压力容器、铝合金结构和不锈钢的焊接，以 93.53 的高分斩获第 45 届世界技能大赛焊接项目金牌，实现中国世界技能大赛焊接项目“三连冠”。

在谈到如何看待工匠精神时，赵脯菠非常坚定地说：“成功没有捷径，只有踏踏实实一步步往前走。我认为工匠精神就是一个人一辈子干一件事情，把这件事情干到极致、干到最好。”

议一议

试分析以上两位青年工匠成功的原因是什么，他们都具备怎样的精神，我们现在是否具备，如果目前暂时不具备，我们应该怎么做。

大国工匠——航空“手艺人”胡双钱

核准，划线，锯掉多余的部分，拿起气动钻头依线点导孔，握着锉刀将零件的锐边倒圆、去毛刺、打光……作为一名高级钳工技师，胡双钱日复一日地做这些动作已经几十年。经他加工的数十万个飞机零件，从没出现过一个次品。

“那个时候，我们干活很杂，做过电风扇、绞肉机，还做过公共座椅。”一边做各种产品，一边苦练本领，他把本就不多的工资节约下来，购买关于铣床、钻床等的书籍，不断提升技能。ARJ21 新支线飞机项目和大型客机项目的先后立项，让中国人的大飞机梦再次被点燃。飞机处于研制和试飞阶段，工人们经常会遇到特制零件、首制零件的加工任务，胡双钱的积累和沉淀开始发挥作用。

一次厂里急需一个特殊零件，只能现场临时加工。这种零件是钛合金锻造组件，外形复杂，孔数量多达 36 个，孔径小，精度高。胡双钱反复比对零件和工装样板，采用不同尺寸刀具逐级扩孔、配合间歇性冷却等工序。他回忆说：“零件是精锻锻出来的，成本很高，一个就要 100 多万元。36 个孔，大小不一样，孔的精度要求是 0.024 毫米。”0.024 毫米，还不到人头发丝直径的一半，这个用数控机床都无法制造的零部件，依靠胡双钱的一双手和一台传统的铣钻床就完成了。零件一次性通过检验，送机安装。

胡双钱的手骨节突出，指甲修得短短的，还微微有些发青——这是几十年来长期接触漆色、铝屑留下的痕迹。厂房里到处是现代化的数控机床加工设备。对比之下，胡双钱的钳工班组显得不那么起眼，他们使用的手工工具也像老古董一样陈旧，但正是这群人担负起了大飞机制造过程中不可缺少的关键一环——对重要零部件的细微调整。

要准确无误地加工好一个零件，不仅靠手上的技艺，更要靠心、靠脑，胡双钱对自己的要求是“慢一点、稳一点，精一点、准一点”。

大国工匠——精心守护故宫文物的书画修复师单嘉玖

单嘉玖在书画修复这个岗位上工作了几十年。经她手修复的古画有数百件，每件古画的修复需要复杂的工序和漫长的周期，耗时最长的需要一年，最短的也要3个月。

古书画分4层，一层画心，一层托心纸，两层背纸。最难的是“揭”的环节，也就是将最薄的那一层宣纸画心分离出来，要既揭得干干净净，又不能使画心受到丝毫损伤。揭出来的画心通常只有0.09毫米，薄如蝉翼。揭画心的手法是“搓”，把附着画心的那层托心纸一点点搓下来。

由于是在古画完全浸湿的情况下揭画心，手指力道的拿捏变得十分关键，“搓”的力道大了，则会对古画造成不可逆的二次损坏。一位修画师需要经过多年的训练，上万次的反复练习，才能最终拿捏住这“搓”的手感和力道。

单嘉玖曾修复过一件明代的绢本《双鹤群禽图》，此画的主要问题是画面上有许多虫蛀破洞。本来面对密集的小洞，可以用整幅绢托在画作后面，一下把所有的洞都补上，但是百年以后托补的这整片绢也会糟朽，就会和古人的画作粘连在一起而无法分离，后人将再也没办法修复这张画了。为了古画生命的延续，单嘉玖选择一个洞一个洞地单个织补。就这样，她埋头补了4个多月，才将几百个小洞一一补好。

（三）如何践行工匠精神

当前，我国正处在从工业大国向工业强国迈进的关键时期，弘扬工匠精神，对于建设工业强国具有重要意义。国家出台的一系列针对技能人才的政策也充分表明了技工院校毕业生的未来是光明的。那么，如何把自己塑造成一名具有工匠精神的高技能人才呢？

1. 热爱工作

工匠精神源于哪里？表面上可以理解为源自认真、专注，其实追根溯源它应该源于两个字——热爱。

是的，热爱生活、热爱工作的人，才会专注工作，才会精益求精，才会追求完美，才会一丝不苟，才会做出精品。

工匠精神的表现是坚守和孜孜不倦，把自己的工作当作一项事业来追求，“三百六十行、行行出状元”，做一行就要爱一行。培养工匠精神，就从爱我们的第一份工作开始吧！

身边的故事

3 个刷墙工人的故事

某个炎炎夏日，一个行人走在路上，遇到了 3 名正在刷墙的工匠。行人向 3 位工匠问了同样的问题：“你们在干什么呢？”第一位工匠回答道：“这很明显啊！我们在往墙上抹泥浆呢！”第二位工匠回答道：“我们在涂抹泥浆砌墙呢！”随后，第三位工匠回答道：“我们正在涂抹泥浆砌墙，然后再涂上洁白的石灰，使墙壁更加美观。为了使将来看到这堵墙的人能够感受到今天的成果，我们正在努力做好自己每一步的工作。”3 个人虽然做着同样的工作，但职业价值观却完全不同。

2. 愿意拥抱变化

从工业时代到互联网时代，再到现在的大数据时代，我们处在一个剧烈变化的时代当中，技术革新日新月异，这要求我们必须拥抱变化，持续学习，追求创新。因为只有在继承基础上的创新，才能跟上时代前进的步伐，才能推动产品的升级换代，才能满足社会发展和人民日益增长的对美好生活的需要。因此，我们除了要努力学习本专业所必需的知识技能外，还应掌握相关领域的知识，并且不断更新知识系统。

一个加工航天精密机械的技工院校女生

最近几年，神舟发射、天宫升空的消息总能让人兴奋不已，然而你可想过，这些航天器内成千上万个零部件究竟是怎样制作出来的？由谁来制作？制作的过程又要付出怎样的辛苦？让我们走近一位工作在航天数控领域一线的年轻女技师苗俭。

1992 年，苗俭没能如愿考上重点高中，而是成为技工院校一名数控专业的学生。老钳工出身的父亲鼓励她，成为一名优秀的技工一样能为国家的发展做出贡献。她很快调整自己的情绪，并为自己设定了目标。“一时中考失败不等于没前途，念技校也可以有出息。只要勤勤恳恳、踏踏实实将一项技能学精，依然能够闯出一番天地。”在技校 3 年的学习生活中，她的各科成绩均名列前茅。毕业后，她到上海航天局工作。

“很多时候，作为一名一线的技术工人，我或许并不知道自己精密加工的零件最终用在哪个航天器上，但这并不影响我身为一名航天人的自豪感，因为我知道我的工作和中国航天事业的改革发展密切相关。”苗俭虚心求教，潜心揣摩，刻苦努力，在铣工岗位上练就了精湛的技能。她开创性地自行设计工具，使国家航天重点工程某型号重要部件的产品合格率从 10% 提高到 100%，解决了国家航天大型件的高精度加工问题。她为研究所加工的各类型号零件，产值巨大，为研究所节约了大量费用，缩短了制造周期。

苗俭先后参与了运载火箭、战术武器和飞船等关键零部件的研制与生产。在工作的同时她不忘提升自我，取得了同济大学的本科文凭，被授予“三八红旗手”“全国技术能手”“全国杰出青年”，在实现人生价值和理想的道路上奋勇前行。

分析

苗俭在学习、工作过程中百折不挠、敢于挑战，练就了良好的心理素质和过硬的本领，最终实现了自己的职业理想。她的成功在于她没有太过注重自己的起点，而是在能力上不断完善自己、充实自己。另外她清楚自己的目标，并且敢于承受压力和挫折，脚踏实地，一步步朝目标前进。

3. 做好每个环节

对于工匠来说，产品的品质只有更好，没有最好。如何做到这一点呢？我们可以采用下列方法。

在做每一件事情时，尽可能使每一个环节数据化，在解决具体问题时，可采用“5W2H”的方法进行处理：要做的是什么（what）？为什么这件事情是必须做的（why）？在哪里做这件事情（where）？什么时间做？各阶段的时间顺序是什么（when）？谁来做这件事情（who）？如何做？最好的方法是什么（how）？做到什么程度/数量如何/费用产出如何（how much）？

4. 养成良好习惯

一是养成守时的习惯。学会科学管理时间、合理分配时间。同时，遵循要事第一的原则，对事情按轻重缓急进行分类，先做重要且紧急的事情。

二是树立成本意识。工匠除了要有精湛的手艺外，还必须能够在满足客户需求的基础上给企业带来效益。有成本意识的工匠会极力减少工作中的浪费现象，从而赢得企业的认可。

三是学会现场管理。如何管理好工作现场是区分工匠水平高低的重要标志。我们可以学习现场管理的5S法则（整理、整顿、清扫、清洁、素养）。

实训任务

“21 天习惯养成”计划

一、任务描述

在行为心理学中，人们把一个人的新习惯或理念的形成并得以巩固至少需要 21 天的现象，称为 21 天效应。也就是说，一个人的动作或想法，如果重复 21 天就会变成一个习惯性的动作或想法。

每位同学选择以下 5 项任务中的一项作为自己的习惯养成项目。选择项目相同的同学分在同一小组。在执行计划时，需要每日在组内打卡、相互督促，并加以记录，21 天后交流感想。如果我们选择了前 4 项中的一项，在完成之后，可以尝试一下第五项，坚持 21 天。

项目一：坚持 21 天读书

杨绛曾经跟一位青年人说过：“你的问题在于读得太少而想得太多。”腹有诗书气自华，每天睡前读书半小时，就能给我们带来巨大的改变。

项目二：坚持 21 天写日记

“才思如泉涌”并非一蹴而就，需要长期的阅读积累，如果说前期的读书是输入，那么写作就是输出，坚持写作有利于培养我们的语感，表达我们的感情。坚持 21 天，我们也将成为一个文采飞扬的人。

项目三：坚持 21 天培养一项兴趣

在学校里，培养一项兴趣爱好尤为重要，它可以使我们交到志同道合的朋友，还可以培养一项专属技能。选择摄影、吉他、架子鼓、瑜伽、唱歌、表演等一项爱好，坚持练习 21 天。

项目四：坚持 21 天健身

坚持 21 天健身，拥有好身材。更重要的是，健身给我们带来的不仅是身形的塑造，还有心境的改变。

项目五：坚持 21 天练习与我们所学专业有关的一项技能

选择与我们所学专业有关的一项技能，也许我们现在已经掌握了这项技能，没关系，重复练习21天，看看第22天的时候，有没有什么不一样的感受。

二、任务实施

1. 根据我们选定的项目，开始实施“21天习惯养成”计划吧，请把每天的实施情况记录在下表中。记得要在自己的小组内打卡，相互督促，共同坚持！

任务实施情况表

<table>
<tr><td colspan="7">起始时间：____年____月____日
完成时间：____年____月____日</td></tr>
<tr><td colspan="2">第一阶段：第1~7天为改变期</td><td colspan="5">在这个阶段，我们必须不时提醒自己注意改变，并刻意要求自己。因为一不留意，我们的坏情绪、坏毛病就会浮出水面，让我们又回到从前</td></tr>
<tr><td>第1天</td><td>第2天</td><td>第3天</td><td>第4天</td><td>第5天</td><td>第6天</td><td>第7天</td></tr>
<tr><td>日期：</td><td>日期：</td><td>日期：</td><td>日期：</td><td>日期：</td><td>日期：</td><td>日期：</td></tr>
<tr><td>迈出第一步</td><td>完美的一天，再接再厉</td><td>离目标更近一步</td><td>做对的事情，比把事情做对重要</td><td>没有天生的习惯，只有不断培养的习惯</td><td>拥有梦想只是一种智力，实现梦想才是一种能力</td><td>已经完成1/3了</td></tr>
<tr><td>（实施情况）</td><td></td><td></td><td></td><td></td><td></td><td></td></tr>
</table>

续表

第二阶段：第 8~14 天为要求期		经过一周的刻意改变，我们已取得了一定的成果，但不可大意，一不留神，坏习惯、坏毛病还会再来干扰我们，让我们回到从前。所以，还是要提醒自己、严格要求自己				
第 8 天	第 9 天	第 10 天	第 11 天	第 12 天	第 13 天	第 14 天
日期：	日期：	日期：	日期：	日期：	日期：	日期：
人之所以能，是相信能	每天告诉自己一次“我真的很不错”	凡事要三思，但比三思更重要的是三思而“行”	离目标还有一半了	明天的希望，让我们忘了今天的痛苦	只要路是对的，就不怕路远	还剩 1/3 了
（实施情况）						

续表

第三阶段：第 15~21 天为稳定期		新习惯成为我们生活的一部分。在这个阶段，我们已经不必刻意要求自己，新的行为已经像我们抬手看表一样自然了				
第 15 天	第 16 天	第 17 天	第 18 天	第 19 天	第 20 天	第 21 天
日期：	日期：	日期：	日期：	日期：	日期：	日期：
成功因为志在成功	毅力磨平高山	信心、恒心、决心	只有爬到山顶了，才能站得更高、看得更远	只要有梦想，就能实现	还剩一天，坚持	目标终于完成
（实施情况）						

2. 坚持完 21 天之后，让我们把自己的感受与感想，和同学们一起分享吧。

第三课　保护合法就业权益

学习目标

1. 通过自主学习、小组讨论和案例分析等方法，了解劳动法的基本内容和劳动者的主要权益。

2. 通过小组讨论等方法，掌握劳动合同的有关知识，学会签订劳动合同。

3. 通过小组讨论、案例分析等方法，正确认识劳动争议，学会通过劳动仲裁等途径维护自身合法权益。

翻转课堂

本课导读

保护合法就业权益

- 了解劳动法
  - 劳动法的基本内容
  - 劳动者的主要权益
- 劳动合同
  - 劳动合同的内容
  - 劳动合同的订立
  - 劳动合同的变更、解除
- 劳动争议的处理
  - 协商
  - 调解
  - 仲裁
  - 诉讼
- 实训任务
  - 任务描述
  - 任务实施

王倩应该被裁吗?

王倩是上海某技校医药专业的一名毕业生，毕业后如愿进入一家药业公司工作。2018 年 2 月，她所在的公司因经济效益不佳要裁员。王倩 2018 年 1 月生育，2018 年 4 月休完产假回单位后，却被告知她被裁掉了。

本课中，我们将完成一份简单的劳动合同，在完成这个活动之前，我们先回答以下问题：

1. 王倩应该属于被裁员工之列吗？为什么？请找到相关法律依据。

____

____

2. 毕业后，你认为你的就业权利有哪些？

____

____

3. 如果你是女生，遇到和王倩相同的情况，你该怎么做？如果你是男生，你周围有女生遇到与王倩相似的情况，向你求助，你会给出什么建议？

____

____

一、了解劳动法

劳动法是调整劳动关系以及与劳动关系密切相关的其他社会关系的法律法规的总称。所谓劳动关系，是指在社会劳动过程中劳动者与用人单位之间发生的社会关系。比如，我们应聘到某企业就业，作为劳动者就必须按照企业的要求完成规定的生产任务，而企业也必须为此支付相应的工资报酬，这就是劳动关系。如果在这个过程中，劳动者没有保质保量地完成生产任务，或者企业没有支付相应的工资报酬，都要受到劳动法的追究。

做一做

请上网查一查《中华人民共和国劳动法》的修订历程，以及最新内容。

（一）劳动法的基本内容

我国劳动法规定了劳动者的基本权利和应当履行的义务。

1. 劳动者的基本权利

（1）平等就业和选择职业的权利。

（2）取得劳动报酬的权利。

（3）休息休假的权利。

（4）获得劳动安全卫生保护的权利。

（5）接受职业技能培训的权利。

（6）享受社会保险和福利的权利。

（7）提请劳动争议处理的权利。

（8）法律规定的其他劳动权利。

2. 劳动者应尽的义务

（1）完成劳动任务。

（2）提高职业技能。

（3）执行劳动安全卫生规程。

（4）遵守劳动纪律和职业道德。

议一议

"五险一金"一个也不能少！这是某技师学院向用人单位提出的录用本校毕业生的必备条件。对此，你是如何理解的？

（二）劳动者的主要权益

1. 人身自由权

根据我国宪法及相关法律的规定，公民享有人身自由权。除法院、检察院及公安机关按照法定的程序可以限制、剥夺公民的人身自由外，任何单位、任何个人都不得以任何理由、任何方式限制、剥夺公民的人身自由。

公民的人身自由权还表现为法律禁止非法搜查公民的身体及其他私人物品。公民的人格尊严受法律保护，任何单位和个人不得以任何方式对公民进行侮辱、诽谤和陷害。

我国劳动法对劳动者人身自由权的保护具体表现为：严禁企业管理人员殴打、污辱、体罚职工和对职工进行搜身；企业不得以任何理由扣押职工的居民身份证、居住证等。

员工业绩不佳被罚 100 个深蹲

一家销售公司明文规定，每周销售业绩排名倒数的员工要接受处罚，即在全体员工面前完成 100 个深蹲。小林因未能完成工作任务而面临处罚。小林向领导表示自己近期身体状态不好，能否减轻或者免除处罚。该领导称公司所有员工一视同仁，不接受处罚那就走人。小林只得接受处罚。然而，还没有做完 100 个深蹲，小林就因身体不适晕倒被送到医院。经过治疗，小林恢复了健康，但她将公司起诉至法院，要求公司赔偿医药费并支付精神损失费等。

之后公司与小林达成和解，公司向她支付了 10 000 元的补偿金，并发文取消了深蹲的处罚。

一些企业管理者在管理员工时会采用体罚、侮辱等手段，这些行为是违法的。本案例中，销售公司要求业绩落后的员工完成深蹲，已经在一定程度上构成对员工的体罚。幸而，销售公司在事后能够积极主动与小林协商解决纠纷，取消了相关处罚规定并及时改进了管理方法。

2. 平等就业权

劳动者就业不因种族、民族、性别、宗教信仰的不同而受到歧视。换句话说，所有劳动者享有平等的就业权。就业歧视问题在现实中突出表现在女性就业方面，为此有关法律特别规定女性享有与男性同等的就业权。

此外，地域、身体、相貌、学历等原因造成的平等就业权得不到保障的情况也会有，需要劳动者依法维护。

但是，我们对平等就业权的理解，不能与职业、岗位对劳动者的素质要求对立起来。比如，从事餐饮服务的劳动者必须身体健康并且持有由卫生行政部门颁发的健康证。

身边的故事

勇于维权

应届毕业生郭某在应聘某烹饪学校文案职位时，多次因烹饪学校"限招男性"的招聘条件被拒。7月8日，郭某向其所在区人民法院提起诉讼。9月10日，法院公开审理了此案，11月12日，法院作出判决，认为烹饪学校文案职位不属于法定女性禁忌劳动范围，烹饪学校未对郭某是否符合招聘条件进行审查，而仅以岗位限招男性为由拒绝录用郭某的事实成立。根据劳动法等相关法律的规定，法院认定烹饪学校行为属于就业性别歧视，侵犯了郭某的平等就业权，给郭某造成了一定的精神损害，应赔偿郭某精神损害抚慰金2 000元。

议一议

下列案例中，公司的规定是否侵犯了员工的合法权益？为什么？

宁某看到某公司在网上发布的招聘公告后报名参加招聘考试。该公司在招聘条件中添加了一项个性化条件，要求女性报考人员的身高不低于1.57米。宁某在进行资格初审时填报的身高为1.60米，其参加笔试、面试均取得第一名。在双方正式签订劳动合同之前，因竞争者举报宁某实际身高未达到设定的条件，该公司将拟聘考生集合到单位办公室重测身高，宁某此次身高测量结果仅为1.55米。公司以书面形式向宁某发出身高复查通知，要求宁某到公司指定的权威医院进行身高复测，否则视同放弃入职，但宁某未参加复测。公司即以宁某身高未达到设定条件为由决定停止招录程序，拒绝与宁某签订劳动合同。宁某认为，该公司设定的身高要求侵犯其个人权益，将公司诉至法院，要求公司与其签订劳动合同，并赔偿精神损失费10万元。

3. 报酬权

（1）按月取酬。我国劳动法规定，用人单位必须以货币形式按月向劳动者本人支付劳动报酬，不得克扣或无故拖欠。

（2）最低报酬。国家实行最低工资保障制度，用人单位支付劳动者的工资不得低于当地最低工资标准。

（3）加班工资。劳动者被要求加班，应当获得加班工资。加班工资的支付标准：平时不低于工资的150%；休息日不低于工资的200%；法定休假日不低于工资的300%。

做一做

2021年春节，小李被单位安排从初一加班到初五，且没有调休。小李的月工资是5 800元，试计算小李这5天应得的加班费。

4. 休息休假权

国家实行劳动者每日工作时间不超过8小时、平均每周工作时间不超过44小时的工时制度。用人单位应当保证劳动者每周至少休息1天。用人单位由于生产经营需要，经与工会和劳动者协商后可以延长工作时间，一般每日不得超过1小时；因特殊原因需要延长工作时间的，在保障劳动者身体健康的条件下延长工作时间每日不得超过3小时，但是每月不得超过 36 小时。

我国劳动法还对劳动者享有婚丧假、产假等方面的权益做了规定。

5. 劳动安全卫生权

用人单位必须为劳动者提供符合国家规定的劳动安全卫生条件和必要的劳动防护用品，对从事有职业危害作业的劳动者应当定期进行健康检查。

从事特种作业的劳动者必须经过专门培训并取得特种作业资格。

劳动者在劳动过程中必须严格遵守安全操作规程。劳动者对用人单位管理人员违章指挥、强令冒险作业，有权拒绝执行；对危害生命安全和身体健康的行为，有权提出批评、检举和控告。

6. 享受社会保险和福利权

劳动法强调用人单位和劳动者必须依法缴纳社会保险费，并按时足额支付。

7. 其他权利

劳动者有接受职业技能培训的权利，具体地说，就是用人单位应当有计划地对劳动者进行培训，正常的业务培训费用应由用人单位支付。劳动者还有提请劳动争议处理的权利，以及依法参加和组织工会的权利。

二、劳动合同

劳动合同是劳动者与用人单位确立劳动关系，明确双方权利和义务的协议。劳动合同是保护双方的合法权益的法律文件，也是解决劳动争议的重要依据。

签订劳动合同的必要性

1月21日，吴某进入某医院工作，职务为营养师，双方未签订书面劳动合同。12月，该医院解除与吴某的劳动关系。吴某向其所在区劳动争议仲裁委员会申请仲裁，请求医院支付未签订劳动合同期间双倍工资16 518元及赔偿金4 000元。仲裁委员会认为吴某提供的证据不能有效证明其与医院之间存在劳动关系，故对吴某的诉求不予支持。吴某对此不服，于第二年2月4日向所在区法院提起诉讼，要求医院支付未签订劳动合同期间双倍工资16 518元及赔偿金4 000元。

《劳动合同法》规定，用人单位自用工之日起即与劳动者建立劳动关系。建立劳动关系，应当订立书面劳动合同。已建立劳动关系，未同时订立书面劳动合同的，应当自用工之日起一个月内订立书面劳动合同。用人单位自用工之日起超过一个月不满一年未与劳动者订立书面劳动合同的，应当向劳动者每月支付二倍的工资。本案中，被告医院未与原告签订劳动合同，应当向原告每月支付二倍的工资。关于赔偿金，用人单位违反《劳动合同法》规定解除或者终止劳动合同的，应当依照《劳动合同法》第四十七条规定的经济补偿标准的二倍向劳动者支付赔偿金。

（一）劳动合同的内容

做一做

请同学们收集一些劳动合同，了解劳动合同的模样，说一说劳动合同包含了哪些基本内容。

劳动合同应当具备以下条款：

1. 用人单位的名称、住所、法定代表人或者主要负责人；
2. 劳动者的姓名、住址、居民身份证或者其他有效身份证件号码；
3. 劳动合同期限；
4. 工作内容和工作地点；
5. 工作时间和休息休假时间；
6. 劳动报酬；
7. 社会保险；
8. 劳动条件、职业危害防护措施；
9. 法律、法规规定应当纳入劳动合同的其他事项。

除了这些常见条款外，用人单位与劳动者可以约定试用期、培训、保守秘密、补充保险和福利等事项。

拓展阅读

劳动合同的类型

劳动合同分为固定期限劳动合同、无固定期限劳动合同和以完成一定工作任务为期限的劳动合同。

1. 固定期限劳动合同。它是指用人单位与劳动者订立的有一定期限的劳动合同。合同期限届满，双方当事人的劳动法律关系即可终止。如果双方同意，还可以续订合同，延长期限。

2. 无固定期限劳动合同。它是指用人单位与劳动者订立的没有期限的劳动合同。我国劳动法为了充分保护劳动者的合法权益，特别规定劳动者在同一用人单位连续工作满 10 年，或者已经与用人单位连续订立两次固定期限劳动合同且工作正常的，除劳动者提出订立固定期限的劳动合同外，应当订立无固定期限的劳动合同。

3. 以完成一定工作任务为期限的劳动合同。它是指以劳动者所担负的工作任务来确定合同期限的劳动合同。合同双方当事人在合同存续期间建立劳动法律关系，劳动者加入劳动单位，遵守劳动单位内部规则，享受某些劳动保险待遇。

（二）劳动合同的订立

1. 劳动合同的订立原则

订立劳动合同应当遵循合法、公平、平等自愿、协商一致、诚实信用的原则。订立劳动合同的用人单位不得凭借各种优势，在用工时有任何歧视，提供的格式合同不得限制甚至侵犯劳动者的权益；当事人双方，不得将自己的意志强加给对方，不得允许第三方进行非法干预；当事人双方在法律法规允许的范围内共同协商，提供的相关信息也要真实。

拓展阅读

无效合同的类型

下列劳动合同无效或者部分无效：

1. 以欺诈、胁迫的手段或者乘人之危，使对方在违背真实意思的情况下订立或者变更劳动合同的；

2. 用人单位免除自己的法定责任、排除劳动者权利的；

3. 违反法律、行政法规强制性规定的。

2. 劳动合同的订立时间

用人单位自用工之日起即与劳动者建立劳动关系。建立劳动关系，应当订立书面劳动合同。已建立劳动关系，未同时订立书面劳动合同的，应当自用工之日起一个月内订立书面劳动合同。用人单位自用工之日起超过一个月不满一年未与劳动者订立书面劳动合同的，应当向劳动者每月支付二倍的工资。用人单位自用工之日起满一年不与劳动者订立书面劳动合同的，视为用人单位与劳动者已订立无固定期限劳动合同。

3. 试用期的规定

以完成一定工作任务为期限的劳动合同或者劳动合同期限不满三个月的，不得约定试用期；劳动合同期限三个月以上不满一年的，试用期不得超过一个月；劳动合同期限一年以上不满三年的，试用期不得超过二个月；三年以上固定期限和无固定期限的劳动合同，试用期不得超过六个月。

劳动合同期限和试用期对应关系

劳动合同期限	试用期
＜3个月	不得设立试用期

续表

劳动合同期限	试用期
3 个月≤期限＜1 年	不得超过 1 个月
1 年≤期限＜3 年	不得超过 2 个月
≥3 年的固定期限和无固定期限	不得超过 6 个月

同一用人单位与同一劳动者只能约定一次试用期。试用期包含在劳动合同期限内。

劳动者在试用期的工资不得低于本单位相同岗位最低档工资或者劳动合同约定工资的百分之八十，并不得低于用人单位所在地的最低工资标准。

4. 订立劳动合同应注意的事项

（1）订立劳动合同之前，要认真学习劳动法律法规。了解诸如试用期、劳动报酬及发放时间、劳动时间、劳动保险、劳动安全卫生、女职工特殊保护等方面的法律法规，只有懂得了这些东西，我们才能真正去判定企业所提供的合同文本的合理性和合法性，才能签一份合法、有效的劳动合同，才能真正维护自身的合法权益。

（2）订立劳动合同之前，要对用人单位进行全面考察。不仅要了解用人单位的现状、发展前景，还要了解用人单位的声誉，如产品的声誉、执行合同的声誉、是否存在侵犯职工合法权益的现象等。

（3）订立劳动合同之前，要仔细研读劳动合同的条款，如果有遗漏可要求补充，防止发生劳动争议。

议一议

山西某技工院校毕业生小李等 10 人毕业后被某化工厂录用，但该厂因种种理由一直未与小李等人签订劳动合同，直到工作 3 个月后，厂方迫于压力才与这些员工签订了为期 3 年的劳动合同。但是，细心的小李发现劳动合同中把合同的生效日期推迟了3个月，也就是说，他们之前干的3个月没有计入合同期。于是，他找到厂领导询问，厂领导解释说："劳动关系是从签订劳动合同后才建立的，从法律上讲，没有签订劳动合同就不能说你跟厂里有劳动关系。"小李听了这番话后半信半疑。

请问此案例中，化工厂是否违反了劳动合同法？为什么？

拓展阅读

常见合同"陷阱"

1. 扣押合同。有一些用人单位在劳动合同中规定，劳动者要向用人单位交纳押金，身份证由单位保管等，这是违反劳动法的。如果劳动者主动要求离开用人单位，这些押金就很难要回来。证件被扣在用人单位，也会给劳动者带来许多麻烦。

2. 暗箱合同。有一些用人单位在签订劳动合同时根本不与劳动者协商，也不向劳动者讲明合同内容。这些用人单位在合同中，只从自身的利益出发来规定用人单位的权利和劳动者的义务，而很少或者根本不涉及用人单位的义务和劳动者的权利。

3. 生死合同。有一些工作安全风险较大的用人单位，为了减少投入，不按劳动法、劳动合同法、安全生产法等履行保障劳动安全的义务，提出"工伤概不负责"等条款，以此来逃避责任。

4. "卖身"合同。一些用人单位在劳动合同中规定劳动者几年内不得恋爱结婚，或规定劳动者不得和同单位的同事谈恋爱，或规定劳动者一切行动都得听从用人单位安排等，这些都是侵害劳动者权利的。

5. 形式合同。有的用人单位也与劳动者订立劳动合同，内容完全符合有关部门的要求，以应付有关部门的检查，实际并不照此合同执行，真正执行的可能完全是另一套内容。因此，劳动者事先了解用人单位的声誉很重要，以免上当受骗。

（三）劳动合同的变更、解除

劳动合同订立后，由于主观和客观条件的变化，当事人可以在合同期满之前对合同条款进行变更，甚至解除或终止合同。

1. 劳动合同的变更

用人单位与劳动者协商一致，可以变更劳动合同约定的内容。变更劳动合同，应当采用书面形式。

2. 劳动者提前解除劳动合同

劳动者由于主观原因，不愿在用人单位继续工作，提前三十日（在试用期内提前三日）以书面形式通知用人单位，可以解除劳动合同。

3. 劳动者单方解除劳动合同

用人单位有下列情形之一的，劳动者可以解除劳动合同：

（1）未按照劳动合同约定提供劳动保护或者劳动条件的；

（2）未及时足额支付劳动报酬的；

（3）未依法为劳动者缴纳社会保险费的；

（4）用人单位的规章制度违反法律、法规的规定，损害劳动者权益的；

（5）以欺诈、胁迫的手段或者乘人之危，使劳动者在违背真实意思的情况下订立或者变更劳动合同，致使劳动合同无效的；

（6）法律、行政法规规定劳动者可以解除劳动合同的其他情形。

用人单位以暴力、威胁或者非法限制人身自由的手段强迫劳动者劳动的，或者用人单位违章指挥、强令冒险作业危及劳动者人身安全的，劳动者可以立即解除劳动合同，不需事先告知用人单位。

4. 用人单位单方解除劳动合同（过失性辞退）

劳动者有下列情形之一的，用人单位可以解除劳动合同：

（1）在试用期间被证明不符合录用条件的；

（2）严重违反用人单位的规章制度的；

（3）严重失职，营私舞弊，给用人单位造成重大损害的；

（4）劳动者同时与其他用人单位建立劳动关系，对完成本单位的工作任务造成严重影响，或者经用人单位提出，拒不改正的；

（5）以欺诈、胁迫的手段或者乘人之危，使用人单位在违背真实意思的情况下订立或变更劳动合同，致使劳动合同无效的；

（6）被依法追究刑事责任的。

议一议

王某为广州某物业管理公司（以下简称物业公司）员工。5月19日，物业公司以王某私下制作手指模，交由其他同事代其打卡，严重违反了公司规章制度为由，解除与王某的劳动关系。王某以物业公司违法解除为由，提起劳动仲裁。劳动争议仲裁委员会以物业公司未能提供充分证据证实其解除劳动关系的合法性为由，支持了王某的主张。

物业公司提起一审诉讼。诉讼中，物业公司提交了员工手册、员工个人行为责任保证书、指纹打卡记录、视频光盘、证人证言等。指纹打卡记录显示王某5月8日、9日、10日均有打卡记录，但是监控视频中对应的时间点未显示王某出现，而是显示他人在进行指纹打卡。二审时，物业公司提交了王某5月8日至5月10日的微信朋友圈截图，该段时间内王某朋友圈内容为某旅游景点的视频及图片，地点定位为该景点。经当庭核对王某手机，公司所提交的截图与王某朋友圈记录一致。

请问物业公司做法是否符合法律规定？为什么？

5. 用人单位单方解除劳动合同（无过失性辞退）

有下列情形之一的，用人单位提前三十日以书面形式通知劳动者本人或者额外支付劳动者一个月工资后，可以解除劳动合同：

（1）劳动者患病或者非因工负伤，在规定的医疗期满后不能从事原工作，也不能从事由用人单位另行安排的工作的；

（2）劳动者不能胜任工作，经过培训或者调整工作岗位，仍不能胜任工作的；

（3）劳动合同订立时所依据的客观情况发生重大变化，致使劳动合同无法履行，经用人单位与劳动者协商，未能就变更劳动合同内容达成协议的。

议一议

小王从技校毕业后进入北京某电器商场负责商品售后工作。在小王负责维修的产品中，返工数量居多，而且经常遭到客户投诉。商场行政部门遂将小王调到商场做销售，但一个月下来电器没有卖出几台，客户倒是得罪了不少。最后商场解除了与小王的劳动合同。

请问商场解除与小王劳动合同的行为合法吗？为什么？

6. 用人单位不得解除劳动合同的情形

劳动者有下列情形之一的，用人单位不得依照《劳动合同法》第四十条、第四十一条的规定解除劳动合同：

（1）从事接触职业病危害作业的劳动者未进行离岗前职业健康检查，或者疑似职业病病人在诊断或者医学观察期间的；

（2）在本单位患职业病或者因工负伤并被确认丧失或者部分丧失劳动能力的；

（3）患病或者非因工负伤，在规定的医疗期内的；

（4）女职工在孕期、产期、哺乳期的；

（5）在本单位连续工作满十五年，且距法定退休年龄不足五年的；

（6）法律、行政法规规定的其他情形。

做一做

2016年4月，杨某入职某科技公司，双方签订了书面劳动合同。2021年上半年，杨某怀孕。2021年10月20日，科技公司向杨某发出辞退通知书，通知杨某：因公司资金周转紧张，继续经营存在困难，现提前解除劳动合同关系，公司会按照相关规定办理相关离职手续。

同日，公司出具离职证明，载明：兹证明杨某原系我司点卡事业部职员，在职时间为2016年4月12日至2021年10月20日，因个人原因提出离职，签订的劳动合同已于2021年10月20日依法解除。

杨某于2021年12月生育一孩。双方发生争议后，杨某主张公司支付其违法解除劳动关系赔偿金及孕期、产期和哺乳期待遇等。

请问科技公司以经营困难为理由辞退杨某是否合法？杨某的主张是否会得到法院的支持？

请两个小组各派一名同学分别为杨某和科技公司辩护。其余小组为他们打分，打分标准如下。

评分表

项目	评分标准	分值	打分
团队合作	观点统一，团结合作	30	
语言表达	符合主题，有理有据 吐字清晰，声音洪亮	30	
仪表仪态	大方自然，有风度	20	
临场反应	积极应对，表现稳定	20	
总分			

三、劳动争议的处理

劳动争议是劳动者与所在单位之间围绕劳动关系中的权利义务问题而发生的纠纷。

劳动争议的主要类型

根据劳动争议涉及的权利义务的具体内容，可将其分为以下几类。

1. 因确认劳动关系而发生的争议。

2. 因订立、履行、变更、解除和终止劳动合同而发生的争议。

3. 因除名、辞退和辞职、离职而发生的争议。

4. 因工作时间、休息休假、社会保险、福利、培训以及劳动保护而发生的争议。

5. 因劳动报酬、工伤医疗费、经济补偿等而发生的争议。

6. 法律、法规规定的其他劳动争议。

依据劳动法相关规定，用人单位与劳动者之间发生劳动争议时，应该着重调解、及时处理，同时当事人可依法申请调解、仲裁，也可提起诉讼。

（一）协商

劳动争议发生后，双方当事人可直接协商，以避免激化矛盾，使争议进一步复杂化。职工一方当事人可以本人或者请求本单位工会帮助自己与单位进行协商，以维护自己的劳动权利。

（二）调解

当用人单位与员工之间因为社会保险、薪资等发生争议时，当事人可以向本单位劳动争议调解委员会申请调解。单位劳动争议调解委员会由职工代表和单位代表组成。职工代表由工会成员担任或者由全体职工推举产生，单位代表由单位负责人指定。劳动争议调解委员会主任由工会成员或者双方推举的人员担任。

劳动争议调解委员会调解劳动争议应当根据事实，遵循合法、公正、及时的原则，经调解达成协议的，制作调解协议书；调解不成的，当事人在规定的期限内，可以向劳动争议仲裁委员会申请仲裁。

（三）仲裁

劳动仲裁，即劳动争议仲裁委员会对当事人申请仲裁的劳动争议居中公断与裁决的行为。在我国，劳动仲裁是劳动争议当事人向人民法院提起诉讼的必经程序。相关法律规定，提出仲裁要求的一方应当自劳动争议发生之日起六十日内向劳动争议仲裁委员会提出书面申请。仲裁裁决一般应在收到仲裁申请的六十日内作出。

当事人申请劳动争议仲裁后，仍可以自行和解。达成和解协议的，可以申请撤回仲裁申请。

（四）诉讼

劳动争议当事人对仲裁裁决不服的，可以自收到仲裁裁决书之日起十五日内向人民法院提起诉讼。

劳动诉讼是指劳动争议当事人不服劳动争议仲裁委员会的裁决，在规定的期限内向人民法院起诉，人民法院依照民事诉讼程序，依法对劳动争议案件进行审理的活动。

因用人单位作出的开除、除名、辞退、解除劳动合同、减少劳动报酬、计算劳动者工作年限等决定而发生的劳动争议，用人单位负举证责任。

当庭否认伤者是员工

某技工院校毕业生小白进入某公司工作后，公司没把双方签订的劳动合同交小白留存。有一天，小白在车间操作数控折弯机时切中左手三根手指，造成手指不同程度折断。副经理王某与会计张某将他送往医院，王某在病历“填写人”处留下其姓名、电话号码。事后，小白向公司申请办理工伤认定手续，但公司置之不理。无奈，小白起诉要求确认其与该公司存在劳动关系，被公司当庭否认。

法官认为：其一，病历记载小白受伤原因为“折弯机伤”，而该公司确有数控折弯机设备，在病历上签名的王某在庭上承认担任公司副经理。其二，法官前往该公司调查，小白指认送他就医的会计张某，王某也确认此人为张某。张某拒绝回答法院询问，应由该公司承担不利后果。其三，小白的陈述与法院实地调查结果相符。结合小白年龄较小、缺乏留存证据意识及举证能力有限，以及行业用工现状，法官认为上述几方面已形成证据链，可证实小白是在该公司工作时受伤，从而证实双方存在劳动关系。

分析

因无书面劳动合同、社会保险缴纳记录等直接证实劳动关系的证据，在工伤类劳动争议案中，用人单位一旦没缴社保，有可能会否认伤者是本单位的员工。由于双方举证能力不对等，部分劳动者会因不能举证而败诉。因此，劳动者要加强证据留存意识和权益维护意识，用人单位亦应秉承诚信原则，着眼于长远发展。

拓展阅读

劳动仲裁与劳动诉讼的关系

劳动仲裁是劳动诉讼的法定前置程序。仲裁裁决后，当事人如对仲裁裁决不服的，应在收到裁决书后15日内向人民法院起诉，未经仲裁而直接向人民法院起诉的，人民法院不予受理。

收到仲裁裁决后，当事人未在15日内起诉的，裁决发生法律效力，当事人应当履行该裁决，否则另一方当事人可申请人民法院强制执行；在15日内起诉的，仲裁裁决不发生法律效力，人民法院应当对该劳动争议进行全面审理，不受已完成的仲裁的影响。

实训任务

设计一份简易的劳动合同

一、任务描述

结合自身所学的专业知识，所掌握的劳动法律、法规、政策和今后的工作意向，完成劳动合同设计，加深对就业权益保护的理解。

二、任务实施

1. 访问自己的父母和亲朋，了解他们在既往的工作中是否签订过劳动合同，是否存在合法权益被侵犯的情况，当时是如何处理的，结果怎样。

2. 运用网络资源，查找相关资料，结合本单元中劳动合同内容的介绍，设计一份简易的劳动合同。